Götz W. Werner
Peter Dellbrügger
(Hrsg.)

Wozu Führung?

Dimensionen einer Kunst

WOZU FÜHRUNG?

Dimensionen einer Kunst

Götz W. Werner | Peter Dellbrügger (Hrsg.)

Impressum

 Scientific
Publishing

Karlsruher Institut für Technologie (KIT)
KIT Scientific Publishing
Straße am Forum 2
D-76131 Karlsruhe

KIT Scientific Publishing is a registered trademark of Karlsruhe
Institute of Technology. Reprint using the book cover is not allowed.

www.ksp.kit.edu

Print on Demand 2013

ISBN 978-3-7315-0116-9

Inhaltsverzeichnis

Vorwort

Die Idee zum vorliegenden Band entstand vor vier Jahren während der Arbeit der Herausgeber am Interfakultativen Institut für Entrepreneurship (IEP) am Karlsruher Institut für Technologie (KIT). Es fand dort 2009 eine Tagung statt, bei der Wissenschaftler, Führungskräfte, Unternehmer und Berater sich gemeinsam um eine Klärung und Vertiefung von Fragen bemühten, die im Zusammenhang mit Führung und Zusammenarbeit stehen.

Seitdem gibt es jährliche Treffen einer aus der Tagung hervorgegangenen Gruppe von Menschen, zu der inzwischen neue Teilnehmer dazugekommen sind. Diese trifft sich an unterschiedlichen Orten (Friedrich von Hardenberg Institut für Kulturwissenschaften Heidelberg und Philosophicum Basel) und führt die begonnene Arbeit weiter.

„Wozu Führung?" fragt der Titel dieses Bandes. „Wozu braucht es heute noch Führung?" – so kann die Frage verstanden werden. Aber auch: „Wozu führt Führung, was legitimiert sie bzw. was ist ihr Ziel?" Was ist ein zeitgemäßes Führungsverständnis, welche Dimensionen gilt es dabei im Blick zu haben und wie lässt sich dieses praktisch erarbeiten und weiterentwickeln? Solche Fragen sind nach wie vor aktuell und werden im vorliegenden Band aus unterschiedlichen Perspektiven beleuchtet.

Die Herausgeber wünschen sich, dass von diesem Band Impulse in die Praxis ausgehen für die Gestaltung einer zeitgemäßen Führungs- und Unternehmenskultur.

Ein herzlicher Dank gilt allen Autoren, die diesen Band mit Ihren Beiträgen bereichert haben! Wir danken auch Frau Brigitte Maier und ihren Kolleginnen von KIT Scientific Publishing für die hervorragende verlegerische Betreuung, Herrn Uwe Battenberg für die Einbandgestaltung sowie Frau Ulrike Maus für die exzellente Unterstützung durch Lektorat und Gestaltung des Layouts.

Stuttgart und Basel, im November 2013,

Götz W. Werner, Peter Dellbrügger

STEFAN BROTBECK

Vergällte Freiheit?
Zur Phänomenologie der Unfreiheit

Vergällte Freiheit?
Zur Phänomenologie der Unfreiheit[1]

> «Niemand ist mehr Sklave, als der sich für frei hält, ohne es
> zu sein.»
> Johann Wolfgang von Goethe

Vorspiel

Freiwerden als soziales Drama

Mündiges Führen ist freies Handeln im Dienste der Freiheitsfähigkeit des Anderen.

Von «Freiheit» sprechen sollte aber nur, wer vor der Not der Unfreiheit, seiner eigenen Unfreiheit und der Unfreiheit der anderen, nicht die Augen verschließt. Durch nichts beschweren wir unser Leben und das Leben der anderen mit größerer Müdigkeit und Bedrängnis als durch Selbsttäuschungen bezüglich unserer Freiheit. Wir «agieren» (vor anderen und vor uns) eine Unmündigkeit, die viel tiefer reicht als das, was man gemeinhin als Unmündigkeit bezeichnet, denn es handelt sich um eine seelisch-existenzielle Unmündigkeit. Wahrhaft besorgniserregend ist unsere Unmündigkeit ja deshalb, weil wir nicht einmal wissen, dass sie besteht. Man kann es nicht prägnanter sagen als mit dem Titelaphorismus dieses Beitrags: «Niemand ist mehr Sklave, als der sich für frei hält, ohne es zu sein.»[2]

Wir tun gut daran, nicht vollmundig unsere Freiheit herauszustreichen. Freiheit ist kein Ding, das wir besitzen, sondern eine Fähigkeit, die wir entwickeln können: «Ein freies Wesen ist dasjenige, welches *wollen* kann, was es selbst für richtig hält», schreibt Steiner in der «Philosophie der Freiheit»[3]. Wir sind nicht frei, wir sind jedoch freiheitsfähig. Freiheit müssen wir vom Substantiv in ein Verbum setzen: Freiheit bedeutet Freiwerden. Und gerade der Blick auf unsere Freiheitsfähigkeit lässt erkennen, wie weit wir hinter dem zurückbleiben, was wir entwickeln könnten – und auch entwickeln müssen, wenn wir aneinander und füreinander wach und «offenbar» werden wollen. Freiwerden nämlich heißt immer zweierlei: Bejahung der eigenen Freiheitsfähigkeit und Bejahung der Freiheitsfähigkeit des Anderen. In einem Satz:

---

1 Der vorliegende Text ist Teil eines Projektes des Philosophicum Basel, das sich mit der existenziellen und spirituellen Bedeutung der Freiheitsphilosophie für die individuelle und soziale Entwicklung auseinandersetzt. Eine Buchveröffentlichung zur hier angesprochenen Thematik ist in Arbeit.

2 *Die Wahlverwandtschaften*, 2. Teil, 5. Kapitel.

3 Rudolf Steiner: *Die Philosophie der Freiheit* (1994/1918). Dornach [16]1995, 202.

> «*Leben* in der Liebe zum Handeln und *Lebenlassen* im Verständnisse
> des fremden Wollens ist die Grundmaxime der *freien Menschen.*»[4]

Wir müssen also unser Augenmerk auf zwei Fragerichtungen legen: Wie kann ich lernen zu tun, was ich für richtig halte? Und: Wie kann ich Verständnis entwickeln für das, was der Andere für richtig hält? Nicht nur das «Leben», sondern auch das «Lebenlassen» verkümmert, wenn wir uns in unserer Freiheitsfähigkeit nicht wahr- und ernstnehmen.

Die tragende, alles orientierende Leitidee ist: Ich allein kann frei werden (keiner kann mir das Freiwerden abnehmen). Aber freiwerden kann ich nicht allein. Das Drama der Freiwerdung ist ein soziales Drama.

«Freude, schöner Götterfunken»?

Mit der Frage unserer Freiheitsfähigkeit ist auch die Frage nach unseren Freuden- und Begeisterungsquellen verbunden. Freude ist Ausdruck aktuell erfahrener Freiheit. Freude hat also weit mehr mit Wohltun (benefacio) und Wohlwollen (benevolentia) zu tun als mit bloßem Wohlbefinden. Deshalb betont Aristoteles zu Recht, dass das Gute nur tut, wer sich des Guten auch *erfreut*, nicht, wer es freud- und lustlos, also fast widerwillig vollbringt und seinen Gefühlen zuwiderhandelt.[5]

In Beratungen und Seminaren zur Freiheitsphilosophie und zur Frage des schöpferischen Denkens und Handelns bin ich immer wieder auf folgende Frage gestoßen: Wie kommt es, dass die vielen Dinge, die wir tun, uns nur selten mit Freude erfüllen? Und wie kommt es, dass selbst die Freude, die übrig bleibt, eher an eine Pflicht erinnert, die wir brav absolvieren, nicht zuletzt, um dem Eindruck vorzubeugen, wir hätten keine? Mit zum Elend unserer Freudlosigkeit nämlich gehört, dass wir sie nicht zeigen dürfen. Es gehört und macht sich nicht, keine Freude zu zeigen. Gute Laune, spürbare Energie und sichtbare Freundlichkeit, kurz: *Impression Management* sind geldwert! Man muss gut drauf sein, locker vom Hocker agieren und Begeisterung demonstrieren, zumindest im Kontakt mit anderen Personen. Wer möchte denn Waren kaufen, die man uns griesgrämig anbietet? Wer möchte die Dienstleistungen einer Bank in Anspruch nehmen, deren Angestellte uns mit matten Blicken und müden Schritten über die neuesten Produkte informieren? Lächeln, kraftvolles Auftreten, Motiviertsein demonstrieren, gut Draufsein, Optimismus verströmen: darauf kommt es an. Dass es faktisch und herzwärts immer leerer und hohler wird, ist Privatsache. Oder ein Fall für die Krankenkasse …

Bei Friedrich Schiller lesen wir:

---

4   Rudolf Steiner: *Die Philosophie der Freiheit*, a.a.O., 166.
5   Vgl. Aristoteles: *Nikomachische Ethik*, I, 1099a; II, 1104b; IV, 1120a; 1122b.

«Freude, schöner Götterfunken,

Tochter aus Elysium,

Wir betreten feuertrunken

Himmlische, dein Heiligtum.»[6]

Doch Hand aufs Herz: Wer mag noch an die Freude glauben, die diese Worte – oder deren Vertonung im letzten Satz der Neunten Sinfonie von Beethoven – feiern und besingen? Worte auf dieser Tonhöhe zaubern uns höchstens ein müdes Lächeln auf die Lippen. Wir sagen: «Das ist doch einfach zu schön, um wahr zu sein» (und denken: Das hört sich umwerfend an, aber leider ist es nur ein süßer Traum!).

Und doch! – Ist es denn geradewegs zu beklagen, dass sich so viele Hoffnungen und Träume in Luft auflösen? Zumindest das Zusammenstürzen von Luftschlössern ist eine zumutbare Enttäuschung. Eine zumutbare Enttäuschung ist kein Unglück, sondern eine Richtigstellung: etwas stellt sich als Illusion und als leere Erwartung heraus. Illusionen sind nicht deshalb unrealisierbar, weil wir uns zu wenig anstrengen, sondern weil sie (und wir) die Bedingungen ihrer Realisierung ausblenden.

Aber es gibt auch Enttäuschungen ganz anderer Art. Und auf diese Enttäuschungen möchte ich das Augenmerk legen. Es sind Enttäuschungen, die aus dem zwischenmenschlichen (psychosozialen und interpersonalen) Milieu stammen, in welchem wir uns bewegen. Es handelt sich um Enttäuschungen, die Menschen durch Menschen erfahren. Diese Enttäuschungen bezeichne ich als Vergällungen. Vergällungen nehmen uns die Freude, ins Leben zu rufen, was uns eigentlich erst ins Leben ruft.

Vergällungen sind ein psychosoziales Desaster. Sie ziehen unser Herz aus dem Verkehr.

Für das Phänomen, das wir hier ansprechen, ist der Ausdruck «Vergällung» in mehrfacher Hinsicht treffend. Als «Vergällung» bezeichnet man bekanntlich das Ungenießbarmachen einer als Lebensmittel nutzbaren Substanz (in der Regel das Denaturieren des Trinkalkohols durch Zusetzung von Chemikalien als Vergällungsmittel). Das eigentlich Bittere ist: Ungenießbarmachen kann man nur Genießbares. Dinge, die uns keine Freude bereiten, kann man uns nicht vergällen. Vergällen und verleiden kann man uns nur etwas, was uns wichtig ist.

Zur Technik der Vergällung

Holen wir uns begrifflichen Atem. – Es gibt Freude an der Tätigkeit, mit der wir ein Ziel verfolgen, und es gibt Freude am Erreichen des Ziels. Es gibt gewissermaßen Versuchs- oder Aufgabenfreude und Zielerreichungs- oder Leistungsfreude. Wir

---

6   Friedrich Schiller: Sämtliche Werke, Band I, München und Wien 2004, S. 133.

können auch von Strebensfreude und Erfüllungsfreude sprechen. Nicht nur das «Treffen» und «Erreichen» eines Zieles, sondern auch das Verfolgen einer Spur macht Freude.

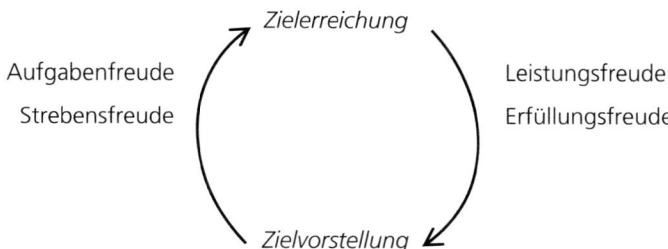

Abbildung 1

Nehmen wir an, wir sind uns über die Relevanz eines Zieles im Klaren, und wir sehen uns auch in der Lage, es zu verfolgen. Wir erfüllen also mit innerer Zustimmung eine Aufgabe, der wir uns auch gewachsen fühlen. Wir erleben Aufgabenfreude und Leistungsfreude.

Was könnte jetzt noch schief gehen? Auf den ersten Blick eigentlich nichts, auf den zweiten Blick aber eine Menge. Bei näherem Hinsehen nämlich müssen wir feststellen, dass sowohl unsere Aufgabenfreude als auch unsere Leistungsfreude langfristig *vergällt* werden können. Was das Elend der Vergällung betrifft, müssen wir vor allem Folgendes in Betracht ziehen:

> Es ist nicht vergällend, dass man uns Essig auftischt. Vergällend ist,
> dass man uns keinen reinen Wein einschenkt.

Die Vergäller, die uns unsere Freude verderben, etikettieren sich nicht als Vergäller, sondern als «Lebensmittel». Mit dem Phänomen der Vergällung spreche ich also nicht die offensichtliche Niedertracht an, sondern die versteckte, gleichsam knitterfreie, salonfähige, stubenreine, opportun-korrekte Niedertracht. Als Vergäller wirksam sind nicht das offene Desinteresse, sondern das Pseudo-Interesse; nicht das offene Misstrauen, sondern das Pseudo-Vertrauen; nicht die offene Undankbarkeit, sondern die Pseudo-Dankbarkeit und dergleichen mehr.

Vergällen ist ein «Madigmachen» dessen, was wir mit Freude und innerer Zustimmung tun. Doch stammt die Vergällung nur von außen, aus dem sozialen Umfeld – oder ist sie nicht auch «hausgemacht»? Für die Auseinandersetzung mit der Vergällung sind immer zwei Fragerichtungen entscheidend: Was vergällt und verbittert uns? Und vor allem: Was lässt sich vergällen und verbittern?

Wir leiden nicht nur an Fremdvergällern, sondern nicht minder auch an Selbstvergällern. Indem ich Fremd- und Selbstvergäller gleichermaßen berücksichtige, möchte ich dazu beitragen, dass wir das gängige Schema von «Die anderen sind schuld, nicht Du» und «Du bist selber schuld, nicht die anderen» überwinden.

Das Elend der Vergäller ist damit noch nicht zu Ende. In einem gewissen Sinne hat es erst richtig angefangen – und zwar in der Art und Weise, wie wir ihm entfliehen wollen. Wir müssen nämlich feststellen, dass alle Vergällungstypen ihre Negationsformen haben, die ihrerseits ihr je eigenes Vergällungspotential besitzen. Selten so schmerzlich wie hier zeigt sich: Was von Grund auf schief ist, wird auch durch bloße Negation nicht besser. Auch in psychosozialer Hinsicht gibt es Dinge, die so falsch sind, dass sie nicht besser werden, wenn man sie durch ihr Gegenteil ersetzt. Diese Negativversionen – ich spreche im Folgenden von Umkipp-Figuren – lösen den Fehler nicht auf, sie zementieren ihn, indem sie ihn unter umgekehrten Vorzeichen wiederholen und den Teufel der Überhitzung mit dem Beelzebub der Erkaltung austreiben.

Die folgende Parade der Vergäller ist ganz skizzenhaft und unvollständig. Sie möchte lediglich die Grundtendenz charakterisieren und dazu anregen, die spezifischen Vergäller zu entdecken, die wohl jeder an seinem Platz und in seinem Lebensbereich finden kann, damit man sich, als einem ersten Schritt zu ihrer Überwindung, ihrer bewusst werden kann.

Fremdvergäller

Interesse oder Kontrollsucht? Zum Fremdvergäller der Aufgabenfreude

Abbildung 2.1

Möchte man ein Bild finden für das, was die Fremdvergäller der Aufgabenfreude anrichten, so ist es das Bild von Rettungsringen, die uns am Schwimmen hindern. Rettungsringe dieser Art sind Legion. Und zu allem Elend kommt hinzu, dass einer, der dieser Rettungsringe nicht bedarf, als einer gilt, der noch nicht schwimmen kann.

Zu den Rettungsringen, die uns am Schwimmen hindern, gehören alle Formen von Betreuung, welche an fürsorglichen Freiheitsentzug grenzen. Ich meine jene «Kontrolle», welche zunehmend wie ein Bandwurm sich durch alle Lebensbereiche frisst. Um nicht missverstanden zu werden: Es versteht sich von selbst, dass Kontrolle manchmal eben nichts anderes als Kontrolle sein muss. So zum Beispiel bei der Fabrikation von Produkten. Es wäre abwegig, bei der Herstellung von Medikamenten, technischen Geräten und dergleichen zu sagen: «Honni soit qui mal y pense» oder auch «Ein Schelm, wer Böses dabei denkt» (ein Schelm, wer hier nicht einfach nur vertraut).

Das Problem ist vielmehr, dass wir uns Kontrollierbares und objektiv Vergleichbares wünschen, wo es dieses nicht geben kann – und dies nicht etwa: leider, sondern: gottlob. Da wir *in sensu strictu* nur Zahlen, aber keine Personen kontrollieren und «objektiv» vergleichen können, müssen wir Personen erst kontrollierbar und vergleichbar machen, indem deren Tätigkeit und Leistung in Zahlen verwandelt wird. Diese Ummünzung, diese «Kommensurabilisierung» von allem und jedem durch Verwandlung von qualitativen in quantitative Unterscheidungen[7], wird heute in Form von Ranglisten, Ratings und dergleichen geradezu ins Groteske getrieben. «Tatsächlich ersetzt jede Reihung ein qualifiziertes Urteil, da sie besessen ist von der falschen Vorstellung, Urteilen heiße Quantifizieren.»[8]

Der Fremdvergäller der Aufgabenfreude schmückt sich gerne mit «hohen Ansprüchen». In Wirklichkeit handelt es sich aber um bloße Ansprüchlichkeit. Ansprüchlichkeit traut dem Anderen nicht sein Eigenstes zu. Ansprüchlichkeit beruht also auf Ansprüchen, die nicht dem Wesen des Berufes oder der Tätigkeit entsprechen, die der mit unseren «hohen Ansprüchen» drangsalierte Mensch ausübt.

Ansprüchlichkeit erwächst nicht aus dem Umstand, dass wir eine Tätigkeit ernst (oder sogar zu ernst) nehmen und ihr gegenüber Erwartungen (oder sogar zu hohe Erwartungen) hegen. Wer eine Tätigkeit ansprüchlich bedrängt, tut nichts weniger als sie ernstnehmen. Er fordert sie auch nicht heraus – er instrumentalisiert sie für Ziele, die nicht im Blickfeld der Tätigkeit liegen, die er instrumentalisiert. Ansprüchlichkeit ist durchwegs ein Übergriff – und zwar nicht nur in persönlicher, sondern vor allem in sachlicher Hinsicht. Übergriffe dieser Art würden die Menschen ja nicht so tief verletzen, wenn sie nicht immer auch die Sache bedrohten, für die sie sich begeistern.

---

7   Eva Illouz: *Saving the Modern Soul. Therapy, Emotions and the Culture of Self-Help* (2008). Dt.: *Die Errettung der modernen Seele. Therapien, Gefühle und die Kultur der Selbsthilfe*. Aus dem Englischen von Michael Adrian. Frankfurt a. M. 2009, 235ff.

8   Konrad Paul Liessmann: *Theorie der Unbildung. Die Irrtümer der Wissensgesellschaft*. Wien 2006, 84.

Extreme Vergällungsattacken üben wir auch aus, wenn wir Menschen betreuen müssen oder wollen, ohne die spezifischen Herausforderungen zu kennen, die mit ihrer Arbeit verbunden sind. Ja, vielleicht ist dies sogar der Inbegriff der fremdvergällenden Kontrolle: «Betreuung» ohne Verständnis für das, was die betreute (oder vielmehr kontrollierte) Person als Aufgabe zu erfüllen sucht. Wo immer Zuständigkeit und Können, Berechtigung und Fähigkeit sich gabeln, ist der Idealismus dessen, der eine Fähigkeit zum Tragen bringt, von Grund auf gefährdet.[9]

Eine nicht minder alarmierende Fremdvergällung leisten wir uns, wenn wir uns mit «Sorgen» schmücken, die in Wirklichkeit nur Entwicklungsmissgunst und Ressentiment gegen die Freiheit verbergen. Unsere Fremdvergällung besteht dann nicht nur darin, ungenießbar zu machen, was wir selber nicht genießen können oder dürfen. Sie besteht vor allem darin, dem Anderen die Entwicklung von Fähigkeiten madig zu machen, die zu entwickeln wir selber kein Herz haben. Um unseren desolaten Zustand zu verbergen, wappnen wir unsere Entwicklungsmissgunst mit einem ganzen Arsenal von «Sorgen»: mit Sorgen um die Qualität, mit Sorgen um die Professionalität, mit Sorgen um die Seriosität.[10] «Sorgen» dieser Art sind in Wirklichkeit nur Vorwürfe, die manchmal so perfekt maskiert sind, dass sie sich selber übersehen.

---

9   Von diesem Elend spricht Sennetts Beitrag «Schlauer, als der Chef erlaubt»: «Glaubt man unseren meritokratischen Überzeugungen, dann sollten die Fähigsten an der Spitze stehen, denn der Kapitalismus nimmt für sich in Anspruch, Leistung zu belohnen. Aber die Behauptung, dass sich Leistung lohnt, ist falsch. Die Handwerker der Moderne – Techniker, Pflegerinnen, Lehrer – müssen oft Vorgesetzten Rede und Antwort stehen, denen gleichwertige Qualifikationen fehlen. Der Kapitalismus löst seinen meritokratischen Anspruch nicht ein. (...) Bei der Herstellung materieller Gegenstände gibt es eine riesige Kluft zwischen dem Wissen derjenigen, die die Dinge aus erster Hand genau kennen, und der Macht von Vorgesetzen, die sich nie ihre Hände schmutzig machen würden, genauso ist es in den ‹Kreativbranchen›, wo die Leute mit den guten Einfällen oft am untersten Ende der Hierarchie stehen und deren Ideen umso mehr an Kreativität verlieren, je weiter diese in der Hierarchie nach oben durchgereicht werden. Das eigentliche Thema ist aus Sicht der Soziologie also das auf den Kopf gestellte Verhältnis von Kompetenz und Status.» (Richard Sennett: Schlauer, als der Chef erlaubt. *Die Zeit* 13/24.3.2011, 56)

10 Arthur Schopenhauer trifft hier einen entscheidenden Punkt: «Dilettanten, Dilettanten! – so werden Die, welche eine Wissenschaft, oder Kunst, aus Liebe zu ihr und Freude an ihr, per il loro diletto [zu ihrem Vergnügen], treiben, mit Geringschätzung genannt von Denen, die sich des Gewinns halber darauf gelegt haben; weil sie nur das Geld delektirt [ergötzt], das damit zu verdienen ist. Diese Geringschätzung beruht auf ihrer niederträchtigen Ueberzeugung, daß Keiner eine Sache ernstlich angreifen werde, wenn ihn nicht Noth, Hunger, oder sonst welche Gier dazu anspornt. Das Publikum ist des selben Geistes und daher der selben Meinung: hieraus entspringt sein durchgängiger Respekt vor den ‹Leuten vom Fach› und sein Mißtrauen gegen Dilettanten. In Wahrheit hingegen ist dem Dilettanten die Sache Zweck, dem Manne vom Fach, als solchem, bloß Mittel: nur Der aber wird eine Sache mit ganzem Ernste treiben, dem

Die Fremdvergäller der Aufgabenfreude sind zuweilen so total, dass sie sich sogar in den Grundlagen ihrer Kritik einnisten. Beispiel Stress. Als Stress bezeichnet man bekanntlich eine Überforderung, verursacht durch ein Missverhältnis zwischen Aufgaben und Fähigkeiten, Anforderungsdruck und Bewältigungskompetenz (eine Disproportion zwischen Belastung und Ressourcen).

Bereits auf konzeptueller Ebene ist hier etwas faul. In der Regel handelt es sich bei dem, was wir als Stress bezeichnen, nämlich um gar keine Überforderung unserer Fähigkeiten, sondern um einen bio-psycho-sozialen Zustand, der eintritt, wenn wir etwas tun müssen, was uns nicht entspricht – wobei hinzukommt, dass wir so tun müssen, als würde es uns entsprechen. Ich will sagen: Stress auslösend wirkt nicht in erster Linie die Erfahrung der Überforderung, sondern der Umstand, dass eine Fähigkeit nicht zur Entfaltung kommen kann, indem man deren Ausübung von Bedingungen und Gesichtspunkten abhängig macht, die sie bagatellisieren, erschweren oder sogar verunmöglichen. Vergällender Stress ist also nicht so sehr auf ein Ungleichgewicht von äußeren Anforderungen und inneren Bewältigungsstrategien zurückzuführen. Vergällenden Stress verursachen wir, wenn wir Menschen mit Aufgaben konfrontieren, die gar nicht ihre Aufgaben sind – aber wir behandeln sie so, als wären es ihre Aufgaben. Und sogar Personen, die ihre *Sache* tun, können wir in vergällenden Stress treiben, indem wir fordern, sie *so* zu tun, dass sie nicht mehr länger *ihre* Sache ist. Die ebenso plumpe wie zuverlässige Methode hierzu ist pure Strapazierung der *äußeren Bedingungen* «Raum» und «Zeit». Vor allem der Zeitdruck ist hier notorisch. Zeitdruck verklumpt zu einem kaum mehr entwirrbaren Komplex der Demütigung.[11] Er macht aus Fähigkeiten Mangelerscheinungen. Was

---

unmittelbar an ihr gelegen ist und der sich aus Liebe zu ihr damit beschäftigt, sie con amore treibt. Von Solchen, und nicht von den Lohndienern, ist stets das Größte ausgegangen.» (Arthur Schopenhauer: *Parerga und Paralipomena*. Zürich 1977, 526f.)

11 Am schlimmsten ist es, wenn die Vergleichgültigung unserer Fähigkeit mit zeitlicher Überlastung einhergeht. Riesige Arbeitsmengen und hoher Kontrolldruck bei niedriger Selbstbestimmung und geringer Fähigkeitsentwicklung gehören zum Quälendsten (vgl. Andreas Hillert; Michael Marwitz: *Die Burnout Epidemie oder Brennt die Leistungsgesellschaft aus?* München 2006, 216f.). Mit dem sogenannten Anforderung-Kontrollmodell gesprochen, handelt es sich um *einen «high stress job»* (belastenden Job), bei welchem hohe psychische Belastungen mit geringer Kontrolle über die Arbeitsaufgaben einhergehen (vgl. Robert Karasek; Töres Theorell: *Healthy Work: Stress Productivity And The Reconstruction Of Working Life*. New York 1990, 32ff.; Eberhard Ulich; Marc Wülser: *Gesundheitsmanagement in Unternehmen. Arbeitspsychologische Perspektiven*. 3., überarb. und erw. Aufl. Wiesbaden 2009, 79ff.). Wir müssen dann nicht nur etwas tun, was uns nicht wichtig ist (was gar keine Herausforderung ist), wir müssen das auch noch unter entmündigender Perspektive tun. Und am Ende sind wir so weichgekocht, dass wir uns nur noch an das pure «Ich schaffe das» als Restherausforderung klammern.

durch Zeitdruck sich nicht entwickeln kann, erscheint als ein «Zuviel verlangt». Exemplarisch gesprochen: Leonardo da Vinci, der nicht am laufenden Meter Mona Lisas produziert wie ein Sonnenuntergangmaler seine Sonnenuntergänge, sieht nun plötzlich wie ein drittklassiger Sonnenuntergangmaler aus.

Freilassen oder Gleichgültigkeit? Zur Umkipp-Figur der Kontrollsucht

Wenn die Fremdvergäller nicht das bekommen, was sie bekommen möchten, strafen sie ihre «Sorgenkinder» mit Ausgrenzung und Gleichgültigkeit ab.

Dieses Umkipp-Phänomen ist so verbreitet, dass es kaum mehr auffällt: Anspruchliche Überforderung (Fehlbeanspruchung), Zeitdruck und aufsässiges «Einspannen» kippt um in Vernachlässigung und abstrafende Unterforderung mit monotonen Arbeitsbedingungen. Dieses Umkipp-Phänomen ist das Grundmuster vieler Mobbingerfahrungen.

Eine Person, die ununterbrochen mit Aufgaben überfrachtet wird, die ihre Zeitressourcen «strapazieren» und/oder ihre Fähigkeiten nicht zum Zuge kommen lassen (wobei das zweite häufig durch das erste verursacht wird), erfährt nun einen Kompetenzentzug, der nicht minder anstrengende Langeweile zur Folge hat (Boreout). Das Drängeln und Drücken und Hetzen wird zur demütigenden Entlastung. Das «Warum kannst du nicht?» wird zum «Du kannst ja nur!».

Anerkennung oder blindes Lob? Zum Fremdvergäller der Leistungsfreude

Abbildung 2.2

Vergällungsmechanismen können nicht nur bei der Aufgabenfreude, sondern auch bei der Leistungsfreude ansetzen. Nicht nur fehlende Vertrauensqualitäten während des Strebens wirken vergällend. Vergällend wirkt auch das Ausbleiben angemessener Anerkennung nach Erreichen eines Zieles. Doch wir müssen gleich präzisieren: Wahrhaft vergällend wirkt nur das, was zunächst wie eine Anerkennung aussieht – aber keine ist. Der Fremdvergäller der Leistungsfreude lässt sich in einem Satz formulieren: Wir bedanken uns beim Anderen für etwas, was er gar nicht gegeben hat. Und das wiederum heißt: Wir geben vor, etwas zu schenken (nämlich Anerkennung), was wir in Wirklichkeit vorenthalten.

Zum Beispiel so:

> Dieses Bild ist Ihnen wirklich gelungen, ein Wurf! In seinen Farbtönen wie gemacht für die Ecke über dem Sofa in unserem Chalet.

Was liegt hier vor? Ganz offensichtlich: Es handelt sich um ein «blindes Lob» – ein Lob, das sich nicht aus dem Verständnis des «Gelobten» erklärt. Ein blindes Lob ist eine Art Wertschätzung ohne Wertschätzung des Wertgeschätzten. Die Adressaten unseres blinden Lobs erfahren gerade für ihre Leistung keine Anerkennung. Das blinde Lob setzt vielmehr eine Leistung zu einem Mittel herab, das nur die Intentionen und den Vorstellungshorizont des Lobenden bestätigt, aber nicht im entferntesten etwas mit dem zu tun hat, was dem Gelobten am Herzen liegt. Als blind Lobende nehmen wir gar nicht an dem teil, was der Andere der Welt mitteilt. Im schlimmsten Fall rechnen wir nicht einmal damit, dass der Gegenstand unseres Lobes womöglich reicher ist als die Vorstellungen, die wir uns über ihn machen. Blind Lobende sind häufig Ideologen, die auf etwas eingeschnappt sind und nicht mehr schauen, sondern nur noch nachschauen: Sie wollen nur prüfen, ob «da» ist, was sie bereits kennen. Auf das, was zur Erscheinung kommen möchte, lassen sie sich gar nicht ein.

Anerkennung schenken wir, wenn wir Anteil nehmen an dem, was der Andere zu geben versucht hat. Wir erkennen und schätzen, worum es dem Anderen ging und sprechen aufgrund dieser Wertschätzung die Anerkennung aus. Mit dem Anerkennen ist Verständnis- und Erkenntnisarbeit verbunden. Das braucht Zeit und Aufmerksamkeit. Verständnis bedeutet ja kein bloßes «Kapieren» und Quittieren und Durchwinken, Verständnis bedeutet Bereitschaft zum Verstehen, Bereitschaft, uns zu bewegen und in Bewegung bringen zu lassen. Und das kann so weit gehen, dass der Anerkennende eine Intention tiefer erfasst als derjenige, der sie zu erkennen gegeben hat. Es gehört vielleicht zu den glücklichsten Momenten, wenn wir einer Person gegenüber die Empfindung haben dürfen, dass sie uns besser verstanden hat als wir uns selbst.

Von einer Person können wir erwarten, dass sie ihre Aufgabe erfüllt, ohne ständig von uns ein Feedback zu erwarten. Schlimm aber ist es, wenn wir Personen gegenüber, die eine Leistung erbringen, die Haltung haben: «Wozu noch eine Anerkennung? Dafür haben wir sie ja bezahlt!»

Ich möchte sogar noch weitergehen: Geld, als Anerkennungsmittel eingesetzt, ist sozusagen Schmieröl für blindes Lob – für ein Lob, das nicht wirklich Anteil nimmt an dem, was uns der Andere mitteilt. Aber widerspricht das nicht den Tatsachen? Ist nicht der Blick auf Gehaltsteigerung geradezu ein Leistungsanreiz, der sich unmittelbar auf berufliche Qualität auswirkt? Nichts davon. Nicht nur fungiert die Belohnung als sehr kurzfristig wirksame (extrinsische) Motivation, sie gefährdet auch die instrinsische. Da wir unser Verhalten auf äußere Gründe zurückführen, vernachlässigen wir die möglichen intrinsischen Gründe oder beginnen an der ursprünglichen intrinsischen Motivation zu zweifeln (die Sozialpsychologie spricht hier vom «Overjustification Effect»). «Die finanziellen Anreize bringen uns durch einen Trick dazu, etwas zu tun, was wir ohnehin tun sollten. Es verleitet uns dazu, das Richtige aus den falschen Gründen zu tun.»[12]

Kritik oder blinder Tadel? Zur Umkipp-Figur des blinden Lobs

Eine Fremdvergällung der Leistungsfreude begeht, wer eine Leistung ohne Verständnis und Sachverstand beurteilt. Neben dem blinden, auf Unverständnis beruhenden Lob gibt es auch den blinden, auf Unverständnis beruhenden Tadel. Mit Nietzsche zu sprechen: «Was wir thun, wird nie verstanden, sondern immer nur gelobt oder getadelt.»[13]

Der blinde Tadel sagt:

> Dieses Bild ist Ihnen echt misslungen! Für die Ecke über dem Sofa in unserem Chalet wär's wie die Faust aufs Auge.

Die blinde Kritik teilt mit dem blinden Lob die gleichen Voraussetzungen: ein Beurteilen ohne Verständnis und Sachverstand. Im Blick auf den blinden Tadel möchte man immer wieder an Goethes Aphorismus erinnern: «Man sagt, eitles Lob stinket. Das mag sein; was aber fremder und ungerechter Tadel für einen Geruch haben, dafür hat das Publikum keine Nase.»[14]

Anerkennung meint kein «Absegnen», sie kann durchaus auch Widerspruch und Kritik beinhalten. Nur muss dabei gewahrt sein, dass zumindest etwas von dem «ankommt», worauf es dem Anderen angekommen ist und wofür er sich eingesetzt hat. Denn schließlich wollen wir für das anerkannt und kritisiert werden, worum und wofür wir gekämpft haben.

---

12 Michael J. Sandel: *Was man für Geld nicht kaufen kann. Die moralischen Grenzen des Marktes*. Aus dem Amerikanischen von Helmut Reuter. Berlin 2012, 76. Vgl. Stefan Brotbeck: Aufgeblähte Belohnung und geschrumpfter Erfolg. In: ders.: *Gedankenstreiche. Philosophische Miniaturen*. Basel 2013, 149ff.

13 Friedrich Nietzsche: *Die fröhliche Wissenschaft*. In: *Sämtliche Werke. Kritische Studienausgabe*. Hg. v. Giorgio Colli und Mazzino Montinari. München, Berlin, New York 1980, Bd. 3, 518, Nr. 264.

14 Johann Wolfgang v. Goethe: *Maximen und Reflexionen*. In: *Werke. Hamburger Ausgabe*. München 1988, Bd. 12, 523.

Selbstvergäller

Gerade angesichts der Wirkungen, die von den Fremdvergällern ausgehen, dürfen wir nicht der Frage ausweichen, ob wir nicht durch unsere Seelenverfassung und Interessenlage wesentlich dazu beitragen, dass Fremdvergäller unsere Freude verderben können. Womöglich stammen die größten Vergäller gar nicht von außen, sondern von innen. Zumindest verrät unsere *Anfälligkeit* für Vergällungsattacken aus dem sozialen Umfeld immer auch «problematische» Voraussetzungen, die *wir* ins Spiel bringen.

Begeisterung oder Geltungssucht? Zum Selbstvergäller der Aufgabenfreude

Abbildung 2.3

Beim Selbstvergäller der Aufgabenfreude geht es uns gemeinhin wie den Ausflüglern, die das schöne Wetter belasten, dessentwegen sie losfahren: Wir ziehen los, des schönen Zieles wegen – aber unser «Antrieb» bedroht in einem Fort das Ziel, das wir verfolgen.

Sorgfältiges und zuverlässiges Handeln, Ausdauer und Beharrlichkeit – was gibt es Schöneres? Und was ist leichter verderblich, wenn der Selbstvergäller der Aufgabenfreude im Spiel ist. Beständiges, unprätentiöses «Dranbleiben» wird plötzlich zur ambitiös-beflissenen Gier. Entschlossenes und zielstrebiges Handeln wird plötzlich zur Verbissenheit und Verbohrtheit.

Auch der Selbstvergäller der Aufgabenfreude tarnt sich mit dem, was ihm am meisten fehlt. Als Selbstvergäller der Aufgabenfreude sind wir nicht arbeitsam, sondern nur geltungsbedürftig. Diese Geltungsbedürftigkeit aber verkaufen wir als Idealismus, der nicht aufgibt, bis er hat, was er angeblich doch nur «geben» möchte.

Chesterton schreibt einmal: «Whistler konnte Kunst hervorbringen; und insofern war er ein großer Mann. Aber er konnte die Kunst nicht vergessen; und insofern war er nur ein Mensch mit künstlerischer Veranlagung. (...) Bei jedem, der einen Beruf ausübt, wünschen wir uns, daß die ganze Kraft eines normalen Menschen in diese bestimmte Beschäftigung eingeht. Keineswegs aber wollen wir, daß die ganze Kraft dieser Beschäftigung in einen normalen Menschen eingeht.»[15]

Wir können auch sagen: Ein wirklicher Künstler gibt sich völlig seinem Gegenstand hin – während ein kleiner Künstler sich mit seinem Gegenstand aufbläht. Als Selbstvergäller der Aufgabenfreude schmücken wir uns zwar mit «Begeisterung», mit Hingabe und Engagement. Aber wir sind nicht begeistert (auch nicht übertrieben begeistert), sondern von allen guten Geistern verlassen.

Mit dem Selbstvergäller der Aufgabenfreude sprechen wir die Phänomenologie des Ehrgeizigen an. Zum Eigentümlichen des Ehrgeizigen gehört, dass er ein Ziel nicht eigentlich um des Zieles willen, sondern um des puren Erreichens willen verfolgt. Der Begeisterte will etwas an die Hand nehmen, was ihm wichtig ist. Beim Ehrgeizigen aber verwandelt sich die Hand in eine Kralle. Er will sich das Ziel unter den Nagel reißen. Das Ziel verliert eben dadurch den Charakter eines Zieles, das seine Kräfte spannt. Wer nämlich ein Ziel um jeden Preis erreichen will, dem geht es primär gar nicht mehr um das Ziel, er will das Ziel einfach «kassieren», um es sich und anderen zu zeigen. Während der Begeisterte handelt, sammelt der Ehrgeizige Trophäen. Der Ehrgeiz ist der Nachäffer, ja die Fratze der Begeisterung.

«Ach, der unselige Ehrgeiz, er ist ein Gift für alle Freuden», schreibt Heinrich von Kleist.[16] Freude vergällend ist der Ehrgeiz, weil bei ihm das Handeln aus Liebe zur Sache nur an zweiter Stelle oder überhaupt nicht vorkommt. An erster Stelle kommt der Triumph des Zielerreichens. Dies macht den Ehrgeizigen auch so verführ- und manipulierbar. Das Verbiesterte des Ehrgeizigen erklärt sich nicht daraus, dass er das Ziel so gerne erreichen möchte (dies eben möchte auch der Begeisterte), sondern dass er das Ziel erreichen möchte, weil er unter einem Druck steht. Der Druck, unter dem er steht, *ist nicht das seelisch empfundene Gewicht des Zieles.* Der Ehrgeizige steht unter dem Druck, sich «beweisen» zu müssen. Der unter Selbstbeweiszwang stehende Ehrgeiz agiert immer im Hinblick auf Personen, deren Lob er erwartet (oder deren Tadel er fürchtet). Dies wiederum erklärt, weshalb der Ehrgeiz auf irgendeinem Gebiet immer die Unterwerfung unter Autoritätspersonen sucht. Der Geltungsdrang des Ehrgeizigen ist kein Zeichen existenzieller Hingabe, sondern der Beweiszwang einer zum Arbeitsprinzip erhobenen Lieblosigkeit. Ehrgeiz ist existenzielle Kleinkariertheit im Großformat.

---

15 Gilbert Keith Chesterton: *Ketzer: Eine Verteidigung der Orthodoxie gegen ihre Verächter. Plädoyer gegen die Gleichgültigkeit.* Aus dem Englischen von Monika Noll und Ulrich Enderwitz. Frankfurt a. M. und Leipzig 2004, 208.

16 Brief an Wilhelmine von Zenge, 10. Oktober 1801. In: Heinrich von Kleist: *Sämtliche Werke und Briefe.* Hg. v. Helmut Sembdner. München 1985, Bd. 2, 695.

Gelassenheit oder Dienst nach Vorschrift? Zur Umkipp-Figur der Geltungssucht

Das Umkipp-Phänomen der Geltungssucht gehört vielleicht zu den am weitesten verbreiteten Vergällungsgeschichten. Es gilt das Motto: *Operation gelungen – Arzt (halb-)tot.* Die Gier kippt um in innere Leere, in Vergrämtheit und Verdrießlichkeit. Daraus erklärt sich, weshalb berufliche und emotionale Erschöpfung häufig nur die Endstation eines verbissenen Handelns ist. Wir müssen jenes Phasen-Modell des Burnout in Frage stellen, an dessen Anfang meistens «Idealismus» steht. Der Pschyrembel, das Klinische Wörterbuch (2006) charakterisiert Burnout als «Endzustand eines Prozesses von idealistischer Begeisterung über Desillusionierung, Frustration und Apathie». Burnout gilt als Begeisterungsindiz und grenzt fast schon an eine Auszeichnung. Aber handelt es sich nicht bereits bei dieser Rede von idealistischer Begeisterung um einen Etikettenschwindel? Ist das, was hier Idealismus und Begeisterung heißt, nicht viel eher Geltungssucht und Ehrgeizhitze? Man kann sich zu Recht fragen, ob «Burnout» nicht manchmal nur eine Schonung heischende Diagnose ist – die Diagnose für Verbiesterte nach dem Absturz.

In diesem Sinne müssen wir sagen: «Vielleicht macht ein Mensch im Rahmen der Wende, die ihn aus dem Burnout und aus der Burnout-Gefährdung hinausführt, schmerzhafte Erkenntnisphasen durch, die letztendlich zum Anlass wahrer Freude werden können. Die erste Erkenntnis kann sein, dass nicht der vermehrte Einsatz so viel Energie gekostet hat, dass es zum Burnout kam, sondern die Motive für diesen vermehrten Einsatz selbst.»[17]

Dankbarkeit oder Applaussucht? Zum Selbstvergäller der Leistungsfreude

Abbildung 2.4

Die Selbstvergällung der Aufgabenfreude, die Geltungssucht, führt wie von selbst zur Selbstvergällung der Leistungsfreude, der Applaussucht. Von der Sache her können wir den Ehrgeiz gar nicht trennen von der Applaussucht.

---

17 Fritz Helmut Hemmerich: Aufrichten aus der Burnout-Falle. *Info3* 5/2009, 19.

Ich plädiere nicht dafür, den Anerkennungsaspekt zu entwichten. Ich möchte vielmehr darauf aufmerksam machen, dass wir die Anerkennung durch die Art und Weise, wie wir sie gemeinhin erfahren wollen, in ihrem Wesen verfehlen. Wir verfehlen das Erfahren von Anerkennung in einem viel basaleren Sinne als dies der Fall wäre, wenn wir ein Ziel verfehlen. Die Anerkennung nämlich verfehlen wir justament dadurch, dass wir sie zum *Ziel* erklären.

Dies erklärt, weshalb ein Applaussüchtiger selbst dann nicht wirklich dankbar ist, wenn er die Anerkennung findet, die er sich wünscht. Wenn wir applaussüchtig sind, bleibt es in uns leer und nichtig wie zuvor. Wir fühlen uns vielleicht eine Weile «beschwingt», aber das ist nicht von Dauer – es ist wie ein kleines Räuschchen, das man sich «anklatscht», und das sofort nach mehr verlangt, um überhaupt noch ein kleines Räuschchen zu sein. Vergäller betreiben ja durchwegs Etikettenschwindel: es ist nicht drin, was drauf steht. Als Applaussüchtige werden wir zur Not unsere «Undankbarkeit» als Ausdruck der «Selbstkritik» ausgeben – «nicht auf Lorbeeren ausruhen!» Wir übersehen, dass es einen Unterschied gibt zwischen dem selbstzufriedenen «Auf den Lorbeeren Ausruhen» und der gelassen-innigen Dankbarkeit für Anerkennung – so unscheinbar die Anerkennung auch sein mag. Und vor allem übersehen wir den Unterschied zwischen dem gierigen Erjagen von Trophäen und dem unermüdlichen, von aller Arroganz freien Streben.

Die «Undankbarkeit» des Applaussüchtigen reicht also viel tiefer als man zunächst glauben möchte. Dem Applaussüchtigen zu sagen, dass er seine Ansprüche zurücknehmen und demütig mit dem zufrieden sein soll, was für ihn abfällt – dies wäre nicht nur eine leere Anmahnung, sondern vor allem ein Ratschlag, der an der Sache vorbeizielt, ein Ratschlag, der gar nicht die Not erfasst, die hier im Spiel ist.

Die Vermessenheit nämlich, die wir in der Undankbarkeit des Applaussüchtigen erkennen, verrät nicht zu hohe Ansprüche, sondern vielmehr eine besorgniserregende, geradezu beschämende Anspruchslosigkeit. Die «hohen» Ansprüche und Erwartungen des Applaussüchtigen sind in Wirklichkeit von einer kriecherischen Anspruchlichkeit, was spätestens dann offensichtlich wird, wenn wir erkennen, dass der Applaussüchtige sich durchwegs durch blindes Lob schmeicheln und durch blinden Tadel verärgern lässt.

Gerade der letzte Punkt verdient unsere Aufmerksamkeit. Blinden Tadel zu erfahren ist zweifellos schmerzlich. Aber wer sich durch blinden Tadel von seiner Arbeit ablenken lässt, muss sich immer fragen, ob ihm nicht seine effekthascherischen Neigungen einen Streich spielen. Dass effekthascherische Neigungen im Spiel sind, verrät eben der Umstand, dass wir blinden Tadel nicht als das durchschauen, was er ist. Statt ihn wie eine elende Müdigkeit auf sich beruhen zu lassen, versuchen wir –

willfährig bis zur Selbstverleugnung – wiederum alles zu tun, um den blinden Tadel in blindes Lob zu verwandeln.

Um ein weiteres Moment der Selbstvergäller der Leistungsfreude sichtbar zu machen, ist es an der Zeit, eine Differenzierung ins Spiel zu bringen, die wir bis anhin nicht eigens terminologisch berücksichtigt haben. Es empfiehlt sich, die Leistungsfreude zu gliedern in Freude über das *Gelingen* des Erstrebten (Freude über die Leistung) und in Freude über den *Erfolg* des Geleisteten (Freude über die Anerkennung).

Die Aufgabenfreude mündet in die Freude über das Gelingen (oder in die Trauer über das Misslingen) des Erstrebten. Von dieser Freude nimmt wiederum die Freude über den Erfolg (oder die Trauer über den Misserfolg) des Geleisteten ihren Ausgang.

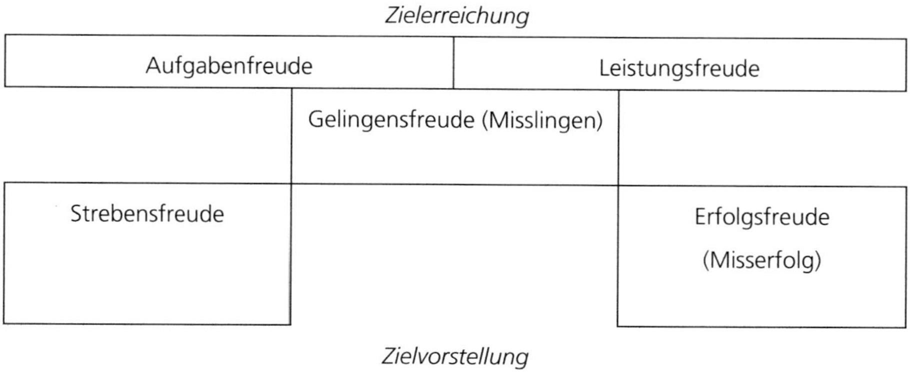

Zielerreichung

Aufgabenfreude		Leistungsfreude
	Gelingensfreude (Misslingen)	
Strebensfreude		Erfolgsfreude (Misserfolg)

Zielvorstellung

Abbildung 3

Nun könnte der Eindruck entstehen, dass diese drei Freuden (Strebens-, Gelingens- und Erfolgsfreude) lose nebeneinander liegen und miteinander wenig zu tun haben. Das ist aber unzutreffend. Wir können deren inneren und wahrhaft denkwürdigen Bezug von der Mitte der Gelingensfreude aus zum Ausdruck bringen: Gelungen ist das, wofür wir uns Anerkennung und Erfolg erhoffen, weil wir getan haben, was wir für richtig hielten.

Nun können wir auch den Grundfehler der Selbstvergäller der Leistungsfreude auf den Punkt bringen:

Als Selbstvergäller der Leistungsfreude bemessen wir die Güte dessen, was wir tun, nach der Anerkennung (dem Erfolg), statt den Wert der Anerkennung (des Erfolgs) nach der Güte dessen zu bemessen, was wir tun.

Unbestechlichkeit oder Aussteigertum? Zur Umkipp-Figur der Applaussucht

Dass das, was von Grund auf schief ist, durch bloße Negation nicht besser wird, wird besonders bei den Umkippfiguren der Selbstvergäller der Leistungsfreude deutlich.

Wenn es verkehrt ist, zu handeln, um Anerkennung zu finden, so heißt das ja nicht, dass es uns nichts ausmachen soll, wenn uns keine Anerkennung zuteil wird. Denn wie kann uns etwas gleichgültig sein, was uns freut und dankbar macht.

Wer behauptet, er suche ja ohnehin nicht Anerkennung, spricht entweder ungenau – oder macht sich etwas vor. Ungenau spricht er, wenn er eigentlich sagen möchte, dass das Ziel seines Handelns nicht Anerkennung ist, sondern das Objekt, das er verwirklichen möchte. Wenn er aber behauptet, dass ihm Anerkennung gleichgültig sei, macht er sich etwas vor. Das Herausstreichen der Gleichgültigkeit gegenüber der Anerkennung zeugt auch nicht von existenzieller Souveränität, sondern dient in der Regel nur der Kaschierung einer immensen Enttäuschung: Man leidet so sehr an ausbleibender Anerkennung, dass man diese Situation am Ende nur erträgt, indem man sagt, man begehre gar nicht, was man so bitter entbehrt.

Der Aussteiger reagiert ebenso überstürzt wie halbherzig auf den Applaussüchtigen, der die Anerkennung verzweckt (und fast immer auf finanziellen Erfolg vereinfältigt). Doch auch der Aussteiger, ja gerade er, bleibt dem Vergällungsszenario verhaftet. Gegen den Aussteiger müssen wir vielmehr sagen: Es ist nicht falsch zu versuchen, dass gut ankommt, worauf es uns ankommt. Falsch ist etwas anderes. Falsch ist, dasjenige, worauf es uns ankommt, davon abhängig zu machen, ob es gut ankommt.

Perspektiven der Entgällung. Ausblicke

Zuviel des Guten?

Bei allen Vergällungsszenarien ist ein Moment im Spiel, das wir immer wieder hervorgehoben haben: Nicht der offen deklarierte Essig, sondern der unreine Wein vergällt. Was vergällt, ist nicht das *offene* Misstrauen, sondern das *versteckte* Misstrauen.

Die Vergäller tarnen sich aber nicht einfach um des bloßen Tarnens willen. Ihr Tarnen ist ein Sichschmücken: Sie schmücken sich mit dem, was sie gar nicht sind. Das, womit wir uns betrügen, ist auch das, worüber wir uns betrügen. Vergäller betrügen uns über erst zu entwickelnde Haltungen, Empfänglichkeiten und Fähigkeiten, indem sie vorgeben, sie bereits zu besitzen. Vergäller schmücken sich mit den Elementen jener Freiheit, die sie gar nicht ernstnehmen.

Auf unser Leitschema übertragen:

Fremdvergäller Aufgabenfreude	Selbstvergäller Aufgabenfreude	Selbstvergäller Leistungsfreude	Fremdvergäller Leistungsfreude
Kontrollsucht (Pseudo-Interesse)	Geltungssucht (Pseudo-Begeisterung)	Applaussucht (Pseudo-Dankbarkeit)	Blindes Lob (Pseudo-Würdigung)
kaschiert sich als teilnehmendes Interesse	kaschiert sich als Begeisterung und Hingabe an die Aufgabe	kaschiert sich als Interesse an der Sicht der Anderen	kaschiert sich als wohlwollende Wertschätzung
Umkippfiguren	Umkippfiguren	Umkippfiguren	Umkippfiguren
Gleichgültigkeit (Pseudo-Offenheit)	Dienst nach Vorschrift (Pseudo-Gelassenheit)	Aussteigertum (Pseudo-Unabhängigkeit)	Blinder Tadel (Pseudo-Kritik)
kaschiert sich als freilassende Toleranz	kaschiert sich als Pflichtbewusstsein	kaschiert sich als genügsame Unbestechlichkeit	kaschiert sich als nüchtern-sachliche Kritik

Abbildung 4

Vor allem müssen wir uns hüten, einen Vergällungstypus aus Sicht seiner Umkipp-Figur zu kritisieren. Das hieße nur den Teufel mit dem Belzebub – oder die Rausch-Vergäller mit den Ernüchterungs-Vergällern – austreiben. Wir müssen vielmehr erkennen, dass der Anti-Vergäller eines Vergällers nicht minder vergällend ist. Und wir müssen erkennen, dass die Anti-Vergäller nicht das Schlechte zum Guten wenden, sondern das Schlechte ex negativo wiederholen und eben dadurch das Schlechte noch eine Spur schlechter machen.

Es wäre also nicht richtig, die Fremd- und Selbstvergäller unter dem Motto «Zuviel des Guten ist nicht gut» abzuhandeln. Wir tun vielmehr gut daran, das «Zuviel des Guten» – ein weit verbreitetes Klischee in der Burnoutliteratur – von Grund auf in Frage zu stellen: Nicht zu viel Idealismus und Begeisterung führt zum Ausbrennen, sondern die als Idealismus und Begeisterung sich verkaufende Selbstprofilierungssucht namens Ehrgeiz.

Und spätestens mit den Umkipp-Figuren wird sichtbar, dass wir uns von Anfang an nicht reinen Wein eingeschenkt haben: Indem unser Interesse (unsere Fürsorglichkeit und umsichtige Begleitung) in gleichgültiges Fahrenlassen umkippt, geben wir uns als misstrauische Kontrolleure zu erkennen. Indem unser Arbeits- und Leistungswille in die innere Kündigung umkippt, geben wir uns als Streber zu erkennen. Indem unsere Dankbarkeit in das Aussteigertum umkippt, geben wir uns als Applaussüchtige zu erkennen. Und indem unsere Würdigung in dumpfe Ablehnung umkippt, geben wir uns als verständnislose Selbstbeweihräucherer zu erkennen.

Die Frage der Vergällung konfrontiert uns letztlich mit den beiden großen Menschheitsidealen: dem freien Handeln und dem sozialen Verständnis. Die Entwicklung unserer Handlungsfähigkeit und die Entwicklung unserer Verständnisfähigkeit weisen aufeinander, sie gehören zusammen. Wir müssen also – wie gesagt – immer die beiden Fragerichtungen des Freiwerdens berücksichtigen: Wie kann ich lernen zu tun, was ich für richtig halte? Und: Wie kann ich Verständnis entwickeln für das, was der Andere für richtig hält?

Wie die Vergällung so ist auch die Entgällung ein psychosozialer und interpersonaler Prozess. Es handelt sich um die *Grundbewegungen der sozialen Freiheit – um psychosoziale Flügel der Begeisterung.* Sie lauten: Treu und Glauben, Anerkennung und Dankbarkeit.

Fremdentgäller Aufgabenfreude	Selbstentgäller Aufgabenfreude		Selbstentgäller Leistungsfreude	Fremdentgäller Leistungsfreude
Glauben (Vertrauen)	∞ Treue		Dankbarkeit	∞ Anerkennung

Abbildung 5

Die psycho-sozialen Flügel tragen sich wechselseitig. Wenn diese Flügel nicht gemeinsam schwingen, drehen wir im Kreise und stürzen ab. Völlig auf gleicher Augenhöhe schwingend sind diese beiden Flügel allerdings nur selten. Nur selten erfahren wir die Seligkeit psychosozialen Gelingens, die Seligkeit schöpferisch-empfänglicher, wahrhaft tragfähiger Geistesgegenwart. Aber da es sich bei diesen Flügeln um erst zu entwickelnde Grundfähigkeiten handelt, können wir auch nicht erwarten, dass es ohne Abstürze oder zumindest ohne qualvolle Unregelmäßigkeiten geht. Die Flügel der Begeisterung wachsen uns ja erst im Fliegen, aber sie wachsen uns nicht «im Flug».

Treu und Glauben

Die Treue zu dem, was wir als richtig und erstrebenswert erkannt haben, und das Vertrauen, das wir schenken, gehören wesensmäßig zusammen – und zwar als soziale, inter-personale Existenzbewegungen.[18] So unerlässlich das Vertrauen als

---

18 «Vertrauen ist das goldene Wort, das in der Zukunft das soziale Leben beherrschen muß. Liebe zu dem, was man zu tun hat, ist das andere goldene Wort.» (Rudolf Steiner: *Die geistig-*

soziale Wärmehülle für das Handeln aus Liebe zur Sache ist, so unerlässlich ist andersherum das Handeln aus Liebe zur Sache für das Vertrauen. Das Vertrauen ist die adäquate Einstellung zu dem, was Personen aus Überzeugung tun. Aber vertrauenswürdig sind auch nur Personen, die ihre Freiheitsfähigkeit ernstnehmen und nicht geltungssüchtig und effekthascherisch auf Belohnungs- und Strafreize hin agieren.

«Ein freies Wesen ist dasjenige, welches *wollen* kann, was es selbst für richtig hält.»[19] Nun springt ins Auge, wie verkehrt gemeinhin die Sache gedacht und gelebt wird:

> Wir schenken kein Vertrauen, weil wir fürchten, dass der Andere tut, was er für richtig hält. Ja, wir schenken manchmal erst dann unser Vertrauen, wenn es darauf gar nicht mehr ankommt.

> Und wir fordern wiederum Vertrauen für Dinge, die wir ohne innere Teilnahme verrichten. Ja, wir fordern sogar Vertrauen, um unsere innere Teilnahmslosigkeit mit einem bequem-wärmenden Mäntelchen zu versehen.

Wenn wir erkennen, dass unser Vertrauen also letztlich nur eine Person verdient, die nicht geltungssüchtig auf Belohnungs- und Strafreize hin agiert, so dürfen wir doch nicht übersehen, dass Vertrauen eine Kraft ist, die dazu beiträgt, dass Menschen Selbstvertrauen entwickeln und nicht länger auf Belohnungs- und Strafreize hin agieren. Und wenn wir erkennen, dass unsere Treue letztlich auf ein vertrauendes Umfeld angewiesen ist, so dürfen wir doch nicht übersehen, dass Treue und Zivilcourage auch dazu beiträgt, Vertrauen zu gewinnen.

Da Ich-Bezug und Du-Bezug (Selbstverständnis und soziales Verständnis) sich wechselseitig beleuchten und in praktischer Hinsicht befruchten, können wir diese psycho-sozialen Flügel auch übers Kreuz bestimmen: Treue zum freien Handeln braucht tätiges Selbstvertrauen, und Vertrauen in das freie Handeln braucht Treue zum Anderen.

---

seelischen Grundkräfte der Erziehungskunst. *Spirituelle Werte in Erziehung und sozialem Leben*. Dornach 1979, 227) «Treue und Vertrauen gehören als wechselseitig einander bedingende notwendig zusammen. (...) Eine solche innere Zusammengehörigkeit scheint auch der (...) Formel von ‹Treu und Glauben› zugrunde zu liegen. Beide Begriffe sind notwendig aufeinander bezogen. Der Glaube ist ein Verhalten, das sich auf die Treue des andern verläßt, während umgekehrt die Treue diejenige Verläßlichkeit bedeutet, die den Glauben des andern erst ermöglicht.» (Otto F. Bollnow: *Wesen und Wandel der Tugenden*. Berlin, Frankfurt a. M., Wien 1981, 173f.) Zu Treu und Glauben s. auch: Stefan Brotbeck: Die Hohe Kunst des Schenkens. In: ders.: *Gedankenstreiche*, a.a.O., 179f.

19 Rudolf Steiner: *Die Philosophie der Freiheit*, a.a.O., 202.

Anerkennung und Dankbarkeit

Dass wir nicht nur das freie Handeln aus Liebe, sondern auch das freie und liebevolle Anerkennen entwickeln können, ja entwickeln müssen, wenn wir aus dem Vergällungstheater der Unmündigkeit hinauskommen wollen, haben wir bereits angesprochen. Vielleicht zu wenig zum Ausdruck gekommen ist, dass auch die Dankbarkeit eine Haltung ist, die der Pflege, ja geradezu der strengen Pflege bedarf, wenn das psychosoziale Drama der Freiwerdung gelingen soll.

Für den Applaussüchtigen ist ja nichts so kennzeichnend wie die Unfähigkeit zur Dankbarkeit. Wir können die Undankbarkeit des Applaussüchtigen gar nicht genug hervorheben. Wer nicht aus Liebe zur Sache handelt, kann selbst dann keine echte Dankbarkeit empfinden, wenn seine Leistung wahrgenommen wird (zumindest ist die Dankbarkeit nicht von Dauer). Warum dies so ist, ist leicht zu sehen: Eine Anerkennung kann uns ja nur erfüllen, wenn wir mit ihr nicht als Lohn unserer Arbeit rechnen. Wenn wir Anerkennung *haben* wollen, können wir sie nicht empfangen.

Wir können die freie Anerkennung nur als *Geschenk* empfangen. Und wir können die freie Anerkennung nur dann als Geschenk empfangen, wenn wir das, wofür wir sie erhalten, auch als Geschenk gegeben haben. Wir können, mit anderen Worten, die Anerkennung nur empfangen, wenn wir das, wofür wir sie empfangen, aus Einsicht und in Weltliebe, aber nicht der Anerkennung wegen ins Leben gerufen haben.

Auch Anerkennung und Dankbarkeit können wir übers Kreuz bestimmen: Anerkennung ist eine tätige Dankbarkeit für eine Leistung, und Dankbarkeit ist Anerkennung und Wertschätzung des Verständnisses, das man erfährt.

Der freie Umgang mit unserer Unfreiheit

In dem Maße, wie wir die interpersonalen und psychosozialen Haltungen entwickeln, entgällt sich unser Seelenleben. Unser Seelenleben entgällt sich, weil wir das Vergällende nicht einfach zu negieren versuchen (dadurch würden wir ja das Negierte ex negativo zementieren).

Sondern andersherum: Die vier Grundhaltungen oder Entgällungsbewegungen – das Vertrauen, die Treue, die Dankbarkeit und das Anerkennen – können das Vergällende aufnehmen, sozusagen als «Giftstoff» in guten Händen. Die «Giftstoffe» in guten Händen werden zunächst vor allem in einer Form erlebt: im Humor. Wir schmunzeln nun (in erster Linie über uns), wenn wir uns nach dem Wohlergehen einer Person «erkundigen», während wir sie in Wirklichkeit nur rasch kontrollieren wollten. Wir schmunzeln (in erster Linie über uns), wenn wir mit Begeisterung eine Aufgabe erfüllen, während wir es in Wirklichkeit nur noch irgendjemandem «zeigen» wollen. Und dergleichen mehr.

Humor ist gelassene Nachsicht mit der eigenen Borniertheit – mündiger Umgang mit der Unmündigkeit. Wenn wir uns eingestehen, dass wir dieses oder jenes nur deshalb tun, weil wir uns (und anderen) etwas beweisen möchten, lockert sich schon der Biss des Ehrgeizes. Der erste Schritt zur Mündigkeit ist der freie Umgang mit unserer Unfreiheit, während die vergällenden Falschetikettierungen gerade deshalb so verheerend wirken, weil sie auf einem unfreien Umgang mit unserer Unfreiheit beruhen.

Prüfungen der Freiheit

Doch die eigentlich rettende Einsicht ist: Rettung kommt aus dem, was der Rettung bedarf. Vergällung ist die Gefangenschaft dessen, was befreien könnte – die Gefangenschaft des Befreienden.

Vergällungen sind Ausdruck der Unfreiheit. Unfreiheit vergällt unsere Freude. Aber Unfreiheit ist auch das, was unsere Freude vergällbar macht. Vergällungen als Ausdruck unserer Unfreiheit sind zugleich das, was unsere Freiheitsfähigkeit herausfordert und erst eigentlich prüft. Indem die Vergällung uns immer auch mit unserer Unfreiheit konfrontiert, geht uns auf, dass die Vergällung nicht lediglich eine Art Konstruktionsfehler ist, den wir einfach beheben und «wegkriegen» müssen. Die Vergällung, die uns mit unserer Unfreiheit konfrontiert, erschließt uns vielmehr Perspektiven, die uns wahrhaft «Augen» machen können: Wenn das, was uns vergällt werden kann, noch gar nicht geworden ist, was es sein könnte, dann ist das Vergällende nicht *nur* eine fatale Störung oder Lähmung, sondern *auch* ein Anstoß und Entwicklungsfaktor.

Es kann also nicht darum gehen, von «unvergällten Zeiten» zu träumen oder die Spuren der Vergällung zu beklagen – denn in einem gewissen Sinne muss das *Unvergällte* erst zum *Unvergällbaren* sich wandeln. Und das heißt: durch Vergällungserfahrungen hindurchgehen. Freude als Ausdruck existenzieller Freiheit ist nicht die bloße Wiederherstellung einer Wahrheit, die wir verloren haben. Freude als Ausdruck existenzieller Freiheit erwächst der Heilung und Rettung des Vergällenden.

Existenzielle Freiheit als Entgällung des Vergällenden ist ein Weg, der manifestiert, worauf er hinweist: ein Vorschein dessen, was noch nicht erschienen und doch wiederum ganz da ist, indem es die Gegenwart in sein Licht taucht. Alles Freiwerden steht im Lichte eines «Es wird sein und ist schon jetzt» – ein erstes vielleicht ganz zartes Erwachen im Aufgang des lebendigen Lebens.

Literaturverzeichnis

Aristoteles: *Nikomachische Ethik*. Übersetzung und Nachwort von Franz Dirlmeier. Anmerkungen von Ernst A. Schmidt. Stuttgart 1983.

Ben-Ze'ev, Aaron: *The Subtlety of Emotions* (2001). Dt.: *Die Logik der Gefühle. Kritik der emotionalen Intelligenz*. Aus dem Englischen von Friedrich Griese. Frankfurt a. M. 2009.

Bollnow, Otto F.: *Wesen und Wandel der Tugenden*. Berlin, Frankfurt a. M., Wien 1981.

Bröckling, Ulrich; Krasmann, Susanne; Lemke, Thomas (Hg.): *Glossar der Gegenwart*. Frankfurt a. M. 2004.

Brotbeck, Stefan: *Dir gehört nur, was du geben kannst*. Aphorismen. Dornach 2004.

Brotbeck, Stefan: *Zukunft? Aspekte eines Rätsels*. Dornach 2005.

Brotbeck, Stefan: *Heute wird nie gewesen sein*. Aphorismen, zweite Folge. Basel 2011.

Brotbeck, Stefan: *Gedankenstreiche. Philosophische Miniaturen*. Basel 2013.

Buber, Martin: *Werke. Erster Band: Schriften zur Philosophie*. München, Heidelberg 1962.

Burisch, Matthias 2006: *Das Burnout-Syndrom. Theorie der inneren Erschöpfung*. 3., überarb. Auflage. Heidelberg.

Chesterton, Gilbert Keith: *Ketzer: Eine Verteidigung der Orthodoxie gegen ihre Verächter. Plädoyer gegen die Gleichgültigkeit*. Aus dem Englischen von Monika Noll und Ulrich Enderwitz. Frankfurt a. M. und Leipzig 2004.

Dellbrügger, Peter; Werner, Götz W.: Führung als Selbstführung. *Das Goetheanum* 2010/21-22, 1-4.

Dietz, Karl-Martin; Kracht, Thomas: *Dialogische Führung. Grundlagen – Praxis. Fallbeispiel: dm-drogerie markt*. 3., aktualisierte Neuauflage. Frankfurt a. M. 2011.

Dornblüth, Otto: Pschyrembel. Klinisches Wörterbuch. Berlin 2006.

Ehrenberg, Alain: *La société du malaise* (2010). Dt.: *Das Unbehagen in der Gesellschaft*. Aus dem Französischen von Jürgen Schröder. Frankfurt a. M. 2011.

Goethe, Johann Wolfgang: *Werke*. Hamburger Ausgabe in 14 Bänden. München 1988.

Hafen, Martin: *Mythologie der Gesundheit. Zur Integration von Salutogenese und Pathogenese*. Mit einem Vorwort von Jost Bauch. Heidelberg [2]2009.

Han, Byung-Chul: *Müdigkeitsgesellschaft*. Berlin 2010.

Hemmerich, Fritz von: Aufrichten aus der Burnout-Falle. In: Info3 5/2009.

Hillert, Andreas; Marwitz, Michael: *Die Burnout Epidemie oder Brennt die Leistungsgesellschaft aus?* München 2006.

Honneth, Axel; Rössler, Beate (Hg.): *Von Person zu Person. Zur Moralität persönlicher Beziehungen*. Frankfurt a. M. 2008.

Illouz, Eva: *Saving the Modern Soul. Therapy, Emotions and the Culture of Self-Help* (2008). Dt.: *Die Errettung der modernen Seele. Therapien, Gefühle und die Kultur der Selbsthilfe*. Aus dem Englischen von Michael Adrian. Frankfurt a. M. 2009.

Kadritzke, Ulf 2004: Arbeiten oder leben? Eine falsche Alternative. In: Meifert; Kesting 2004, 319-337.

Karasek, Robert; Töres Theorell: *Healthy Work: Stress Productivity And The Reconstruction Of Working Life*. New York 1990.

Kesting, Mathias 2004: Selbstmanagement – Zwischen Selbstverantwortung und äußeren Sachzwängen In: Meifert; Kesting 2004, 151-166.

Kleist, Heinrich von: *Sämtliche Werke und Briefe*. Hg. v. Helmut Sembdner. München 1985.

Liessmann, Konrad Paul: *Theorie der Unbildung. Die Irrtümer der Wissensgesellschaft.* Wien 2006.

Meifert, Matthias T.; Kesting, Mathias (Hg.): *Gesundheitsmanagement im Unternehmen. Konzepte, Praxis, Perspektiven*. Mit 80 Abbildungen und 8 Tabellen. Berlin, Heidelberg, New York 2004.

Nietzsche, Friedrich: *Die fröhliche Wissenschaft*. In: *Sämtliche Werke. Kritische Studienausgabe*. Hg. v. Giorgio Colli und Mazzino Montinari. München, Berlin, New York 1980.

Pawelzik, Markus 2011: Gefühlte Epidemie. Das Etikett Burn-out dient heute vielen als sozial akzeptierte Entschuldigung für Raubbau an den eigenen Kräften. *Die Zeit* 1.12.2011/Nr. 49.

Pollmann, Arnd: *Unmoral. Ein philosophisches Handbuch. Von Ausbeutung bis Zwang.* München 2010.

Sandel, Michael J.: *Was man für Geld nicht kaufen kann. Die moralischen Grenzen des Marktes.* Aus dem Amerikanischen von Helmut Reuter. Berlin 2012.

Schiller, Friedrich: *Sämtliche Werke in fünf Bänden*. München, Wien 2004.

Schopenhauer, Arthur: *Werke in zehn Bänden*. Zürcher Ausgabe. Zürich 1977.

Sennett, Richard: *Authority* (2008). Dt.: *Autorität*. Aus dem Amerikanischen von Reinhard Kaiser. Berlin 2008.

Sennett, Richard: Schlauer, als der Chef erlaubt. *Die Zeit* 13/24.3.2011, 56

Steiner, Rudolf: *Die geistig-seelischen Grundkräfte der Erziehungskunst. Spirituelle Werte in Erziehung und sozialem Leben.* Dornach [2]1979.

Steiner, Rudolf: *Die Philosophie der Freiheit* (1994/1918). Dornach [16]1995.

Ulich, Eberhard; Wülser, Marc: *Gesundheitsmanagement in Unternehmen. Arbeitspsychologische Perspektiven*. 3., überarb. und erw. Aufl. Wiesbaden 2009.

Waldenfels, Bernhard: *Schattenrisse der Moral*. Frankfurt a. M. 2006.

Werner, Götz W.: *Führung für Mündige. Subsidiarität und Marke als Herausforderungen einer modernen Führung.* Studienhefte des Interfakultativen Instituts für Entrepreneurship (IEP) an der Universität Karlsruhe (TH), Heft 2.

PETER DELLBRÜGGER

„Bei uns steht der Mensch im Mittelpunkt"[1]
Warum Phrasen statt Fragen das moderne Führungsdenken prägen

„Bei uns steht der Mensch im Mittelpunkt!" – oder leicht abgewandelt: „Bei uns steht der Mitarbeiter im Zentrum!" Wer solches deklamiert, appelliert an einen schwammigen Humanismus und rechnet fest mit dem Applaus der Kunden. Er bedient sich einer moralisch korrekten Schaumsprache, setzt vielleicht gar auf ihre Wirkung als Sedativum für kritische Käufergewissen, möchte einfach nur sein Unternehmen gut darstellen oder meint es womöglich sogar auch noch ernst damit. Ist solcher Gesinnungskitsch mehr als eine hohle Phrase oder inflationär gebrauchte Metapher, mehr als ein missbrauchter Slogan? So unterschiedliche Organisationen wie die Polizei Baden-Württemberg, der Sozialverband Deutschland, die Bundesregierung, Unternehmen wie Nokia, Bayer und Renault, Bestattungsunternehmen oder Arztpraxen verwenden diesen Satz in ihren Selbstdarstellungen. Und dies in einer mindestens zweifachen Funktion: Zur vorteilhaften Charakterisierung des eigenen, humanen Geschäftsgebarens, und zur Abgrenzung („bei uns …"!) von anderen Unternehmen oder Organisationen, bei denen nicht der Mensch, sondern etwas anderes (vielleicht Zahlen oder Profite?) im Mittelpunkt steht. Im Mittelpunkt wovon der Mensch jeweils steht, bleibt weitgehend unklar, und ein bissiger Einwand könnte lauten, dass bei den Kannibalen der Mensch ja auch im Mittelpunkt stünde.

Wohl nicht ganz im Sinne derjenigen, die mit dieser Phrase operieren, ist eine Interpretation, die in der DDR kursierte: „Der Mensch steht im Mittelpunkt, damit man ihn von allen Seiten ausbeuten kann!" Weiterhin fraglich ist, was jeweils mit „Mensch" gemeint sein kann: Ist es, quasi zukunftsgerichtet, der *werdende* Mensch, der sein Potential entfalten möchte, der sich weiterentwickelt? Gewissermaßen der sich selbst aktualisierende Mensch, der lebt, um sich in der Arbeit selbst zu verwirklichen, der nach Autonomie strebt, dessen Ich-Bedürfnisse zum Beispiel in Maslows Bedürfnispyramide die obersten Plätze einnehmen? Dies könnte eine Unternehmenskultur der individuellen Selbstverwirklichung meinen, verbunden mit einer ständigen Weiterentwicklung von Persönlichkeiten, die möglicherweise dann umso besser zusammenarbeiten, je individueller sie sein können. Oder ist, vergan-

---

1   Leicht überarbeitete Fassung eines Artikels in der Ausgabe 2/2011 „Beziehungsweisen" des „Journals 360 Grad".

genheitsorientiert, der *gewordene* Mensch gemeint, der aus Sicht der Arbeits-zufriedenheitslehre umso besser arbeitet, je zufriedener er ist? Ein Mensch, der sich erst jenseits der Arbeit voll entfaltet, dort dann ungeahnte Kreativität an den Tag legt, der möglichst wenig arbeitet, um möglichst viel zu leben? Neben den hier skizzierten zwei Auslegungen sind noch weitere Interpretationsmöglichkeiten denkbar.

Solange ungeklärt bleibt, was mit dem Menschen im Mittelpunkt gemeint ist, läuft die Phrase Gefahr, beim Thema Führung zwei unfruchtbare Scheinalternativen zu zementieren, die die Sicht auf das, worauf es eigentlich ankäme, gründlich vernebeln.

Harmoniekultur oder Instrumentalisierung?

Eine dieser Scheinalternativen sind *humane* Unternehmen, die von manchmal wohlmeinenden, bisweilen aber auch süffisant ironisierenden Journalisten so darge-stellt werden oder es teilweise sogar selber vorgeben, dass sie den Menschen in den Mittelpunkt stellen. Hierbei ist selbstverständlich sauber zu unterscheiden zwischen Unternehmen, die wirklich Neues versuchen auf dem Gebiet der Unternehmenskul-tur, dabei aber versehentlich in die Schublade der sogenannten Kuschelkonzerne geraten (Dietz/Kracht 2011: 15 – 22) und solchen Unternehmen, die sich der Phrase vom Mensch im Mittelpunkt als wohlfeiles Marketing bedienen. Sie benutzen die Phrase als Feigenblatt, unter dem ganz anderes möglichst unsichtbar bleiben soll.

Aus Sicht der Gegenseite operieren letztgenannte Unternehmen mit dem Gift der Harmoniekultur. Dort herrscht eine schöne Scheinwelt von Harmonie und Konsens und man tappt kollektiv in die Freundlichkeitsfalle: Immer möglichst nett sein, Wertschätzung ausdrücken, endlose Teamsitzungen mit wenig Ergebnissen, aber alle sind mit im Boot (Vasek 2011: 28). Hinter dieser Fassade lauern dann aber oft-mals dunkle Abgründe aus verdrängten Konflikten und intriganten Machtspielchen, die so gar nicht passen wollen zu dem humanen Image, mit dem man sich absetzen will. Absetzen von knallharten, finanziell extrem erfolgreichen, auf kurzfristige Er-folge getrimmten, den Kapitalmarkt befriedigenden, *realistischen* und ergebnisori-entierten Konzernen und Global Playern, die es nicht an sportlichen Herausforde-rungen für ellenbogenbegabte, rücksichtslose Karrieretypen mangeln lassen.

Die Sichtweise der weichgespülten Harmoniekultur provoziert den emeritierten Augsburger Organisationspsychologen Oswald Neuberger zu einer Antwort. Er schlägt sich mit seinen *Thesen zum Personalwesen* auf die andere Seite, die den Menschen nur insofern ernstnehmen will, als er sein Geld wert ist: „Der Mensch ist Mittel. Punkt" (Neuberger 1990: 3). Denn was würde passieren, wenn es im Unter-nehmen lauter Unikate gäbe, die sich selbst verwirklichen wollten? Dies, so nimmt Neuberger einen im Vertrauen beiseite, sei ja möglicherweise gut gemeint, aber sozialromantisch und ein Zahn, den es zu ziehen gelte. Weitere solcher Zähne: Im Mittelpunkt steht nicht der Mensch, dort stünde er schließlich nur im Weg, sondern die Erhaltung und der wirtschaftliche Erfolg des Unternehmens, mithin das Geld. Das Individuelle, Menschliche sei nicht nur unaussprechlich, sondern auch unrechenbar und unberechenbar. Personal als gewöhnlicher Produktionsfaktor gehöre behandelt wie eine Ware, ein Objekt, und müsse verwertbar, verfügbar, ersetzbar sowie anpassungsfähig und lenkbar sein. Daraus folgt, dass die Möglichkeiten von Kreativität, Freiheit, Autonomie und Phantasie eingeschränkt und kontrolliert werden müssten. Weil tendenziell unberechenbar, müsse das Personal in Schach gehalten werden. Aus der Steuerungsperspektive erscheine es als ideal, dass die Leute frei und willig wollten was sie sollten. Beziehungsweise: eher willig als frei. Das Hauptproblem bestünde folglich darin, Freiheit so zu kontrollieren, dass sie als Freiheit erhalten und durch Steuerung beherrschbar bleibe. Neuberger schließt wie folgt: „Ich halte es für ehrlicher, wenn die Zwänge deutlich genannt werden, denen man unterworfen ist, anstatt sich selbst und andere mit Liebes- und Harmonieformeln zu betrügen" (Neuberger 1990: 9). Und weiter: „Das Spiel ‚Ökonomie' ist in unserem Wirtschaftssystem durch den Einkommensaspekt (den ‚Mammon') definiert und nicht durch die Befriedigung menschlicher Bedürfnisse oder optimale Allokation von Ressourcen" (Neuberger 1990: 10). Wer sich einem solchen Personalwesen verpflichtet fühle, sei deswegen noch kein Unmensch, so Neuberger.

Sicherlich stellen die pointierten, mit koketter Überspitztheit und scheinbar aufklärerischem Impetus daherkommenden Thesen Neubergers nicht ganz den aktuellen Stand des akademischen Denkens zum infrage stehenden Thema dar. Neuere Ansätze, etwa mit systemischem Hintergrund, gehen dabei viel differenzierter vor. Sie zeigen wesentlich mehr Gespür dafür, wie unfruchtbar das starre Aufrechterhalten der aufgezeigten Scheinalternativen für eine Diskussion um Führung ist. Und doch fassen die genannten Thesen besonders prägnant zusammen, was sich derzeit wohl immer noch mehrheitlich in unterschiedlichsten Ausprägungen (und selbst, wenn es nur auszugsweise wäre) tatsächlich in Unternehmenskulturen, Führungsverständnissen und Personalabteilungen implizit im Hintergrund oder explizit als Auffassung vom Menschen im Unternehmen wiederfindet. Worauf aber käme es nun eigentlich an, welche wichtige Frage wird verstellt durch das Gerede vom „Mensch im Mittelpunkt" und die von ihm hervorgerufenen bereits skizzierten Scheinalternativen?

Das Wesen des Menschen

Die in Bezug auf Sozialromantik eher unverdächtige Harvard-Politologin Barbara Kellermann, die zum Thema Führung und Gefolgschaft forscht, vertritt die Auffassung, dass, wer sich mit Führung befasst, sich zunächst mit der Frage nach dem

Wesen des Menschen befassen sollte (Kellermann 2009: 66). Das lässt aufhorchen und ist ungewöhnlich. Ungewöhnlich, weil wissenschaftliche Disziplinen aus einem kulturell-pragmatischen Zusammenhang hervorgehen und beim Verfolgen eines bestimmten lebensweltlichen Interesses meist die Frage nach ihrem ureigenen zentralen Erkenntnisgegenstand vergessen (Man frage nur einen Juristen, was denn Gerechtigkeit sei, oder einen Psychologen nach der Seele.) Ungewöhnlich auch, weil diese Frage gerne *ceteris paribus* gesetzt oder an Philosophen beziehungsweise Theologen delegiert wird. Dies ist insofern nachvollziehbar, als es einen kategorialen Unterschied gibt zwischen dem Erkenntnisgegenstand der Führungswissenschaft und anderen Erkenntnisgegenständen: Der sich mit Führungsfragen befassende Mensch befasst sich beim Führungsthema als Mensch mit sich selbst. Und da wird es existentiell, unbequem, aber auch spannend.

Da jede Führungskraft durch das eigene Führungshandeln die Frage nach dem Wesen des Menschen in jedem Moment performativ beantwortet, stünde zunächst ein doppelter Akt der Bewusstwerdung an: Zunächst einmal, sich dieser eigenen, impliziten Antworten darüber, wie der Mensch *ist*, bewusster zu werden, sie dadurch nicht mehr wie in einem blinden Fleck aus alten Gewohnheiten und eingeübten Reaktionen entstehen zu lassen, sondern neue Quellen dafür zu erschließen (Scharmer 2009). Dabei kommt auch die zweite Bewusstwerdung ins Spiel: Die eigene Auffassung davon, wie der Mensch denn *sein solle*, wie er jeweils gedacht werden kann, und die damit in Verbindung stehende Frage, wie dies ermöglicht werden kann.

Ein solcher Selbsterkenntnisprozess könnte den Ausgangspunkt bilden für einen individuellen Erkenntnisweg, auf dem sich die Frage nach dem Wesen des Menschen vielleicht als viel weniger pathetisch und viel praktischer herausstellt als zunächst vermutet oder befürchtet. Im Austausch mit anderen, die ebenfalls einen individuellen Erkenntnisweg im Leben mit dieser Frage beschreiten, könnte der Boden für völlig neue Zusammenarbeits-, Führungs- und Unternehmenskulturen geschaffen werden. Diese Kulturen würden von der Möglichkeit echter Begegnungen zwischen solchen suchenden Menschen profitieren und könnten sich dabei durch eine experimentelle Grundhaltung auszeichnen. Sie würden dabei nicht auf Erkenntnisdramatik zugunsten einer Erkenntnisgrammatik verzichten müssen, die sich etwa in Form eines Führungsmodells, das ein Set an Handlungen vorschreibt, zwischen den Menschen und die Wirklichkeit schiebt.

Doch nimmt man in Augenschein, welche Auffassungen von Führung bislang vorherrschend sind, scheint dies noch in weiter Ferne zu sein: Da gibt es zum einen die Praxis- beziehungsweise Bahnhofsbuchhandlungsperspektive. Hier finden sich populäre Managementbelletristik, Führungsbestseller, vielversprechende Tools und einfache Lösungen versprechende Techniken. Buchtitel wie *Führen mit Möhren* (Gostick/Elton 2006), *Shark-Leadership* (Buholzer 2006), die *Moses-Methode* (Fischer-Appelt 2005), *Führen mit Gefühl* (Arnold 2008), *Führen mit Humor* (Schwarz 2008) oder *Führen aus der Hängematte* (Hofmann 2011) sind nur einige Beispiele dafür. Offensichtlich wird hier einem Bedürfnis Rechnung getragen und ein Markt bedient. Die präsentierten Methoden sollen bei der verantwortungsvollen Aufgabe der Führung helfen. Ein Ingenieur etwa, eine Kapazität auf seinem technischen Gebiet, der sich nun plötzlich damit konfrontiert sieht, für hunderte Mitarbeiter verantwortlich zu sein und diese führen zu müssen, greift vielleicht gerne zu solchen Titeln. Der Erfolg dürfte bescheiden sein. Denn: „Leider ist das, worauf wir uns stützen, nur selten das, was uns trägt" (Brotbeck 2004: 20).

Die andere Sichtweise ist die Universitätsbibliotheksperspektive. Sie kann durch das vielzitierte Bonmot eines Führungswissenschaftlers charakterisiert werden: „Once I was active in the leadership field. Then I left it for about ten years. When I returned, it was as if I had been gone only ten minutes" (Hunt 1991: 1). Eine Führungswissenschaft, auf die das zutrifft, glänzt nicht durch Erkenntnisfortschritt. Zu Beginn der wissenschaftlichen Auseinandersetzung mit Führung suchte man Führungserfolg mit den Eigenschaften der erfolgreichen Führungskräfte zu erklären, so dass im Umkehrschluss diejenigen zu Führungskräften erklärt wurden, die über die bei erfolgreichen Führungskräften empirisch nachgewiesenen Eigenschaften verfügten. Obwohl auf die Eigenschaftsansätze Weiterentwicklungen folgten, die Verhalten und dann situative Elemente mitberücksichtigten, spielen sie immer noch eine große Rolle. Es scheint keinen echten Paradigmenwechsel gegeben zu haben. Die Wissenschaft von der Führung ist eine Sozialwissenschaft, da ihr Erkenntnisgegenstand der Mensch ist – sie gebärdet sich aber oftmals als Naturwissenschaft, etwa wenn kybernetische Ansätze oder Führungsmodelle betrachtet werden, mit denen Führung erklärt werden oder handhabbar gemacht werden soll. Auf beide Perspektiven ist man versucht, mit den Worten des jüdischen Religionsphilosophen Martin Buber zu antworten: „Das Du kennt kein Koordinatensystem" (Buber 2002: 34). Oder anders gesagt: Beziehungen und Begegnungen, als konstitutive Elemente einer existentiell-situativen Unternehmenskultur und damit Bestandteil der oben skizzierten experimentellen Haltung bei der Frage nach dem eigenen Menschsein, lassen sich nicht managen. Es gibt auch keine Software dafür.

Zuckerbrot und Peitsche

Zur weiteren streiflichtartigen Charakterisierung des Denkens über Führung lassen sich zwei fast schon archetypische und in verschiedensten Facetten weit verbreitete Vereinseitigungen oder (Fehl-)Formen unterscheiden, sie seien hier vereinfachend und bildhaft einerseits mit Zuckerbrot, andererseits mit Peitsche bezeichnet. Unter Zuckerbrot lässt sich alles zusammenfassen, was mit Anreizen, Bonussystemen, Incentives, Konditionierungstechniken, mit mehr oder weniger raffinierter Manipulation oder gar offener Instrumentalisierung arbeitet. Reinhard Sprenger hat dies unübertroffen demaskiert in seinem Bestseller *Mythos Motivation* und herausgearbeitet, wie ausgeklügelte Motivationsprogramme, die Leistungsfreude entfesseln sollen, stattdessen vielmehr vergällend und demotivierend wirken (Sprenger 2010). Um dafür ein Bild zu gebrauchen: Dem Mitarbeiter wird, indem er motiviert werden soll, gewissermaßen eine Möhre vorgehalten, als Belohnungsreiz. Will er beißen, muss er vorher springen. Doch, wie Sprenger zeigt, kann er sich nur selbst motivieren. Führungskräfte können bestenfalls demotivierende Bedingungen abschaffen.

In literarischer Form findet sich der Gedanke der Konditionierung in dem 1932 erschienenen Roman *Schöne neue Welt* (Huxley 2009). Dort liest man die Schilderung einer Gesellschaft, in der jedem Mitglied eine vorbestimmte Aufgabe zukommt. Um dieser gerecht zu werden, wird von Geburt an ein System von physischer Konditionierung mittels der Droge Soma, mentaler Indoktrination und ausgeklügelter Abrichtung angewendet. Bildung dient dabei nur der Vermittlung von Wissen, das erforderlich ist, um die vorbestimmte Aufgabe zu erfüllen. Die Indoktrination findet auch statt, indem Kindern und Jugendlichen im Schlaf Tonbänder vorgespielt werden, deren Inhalt geeignet ist, sie zu funktionierenden Marionetten abzurichten. Ein Schelm, wer jetzt an Selbstmotivations-CDs für Führungskräfte denkt.

Unter Peitsche lässt sich alles das subsumieren, was im Führungsbereich mit Kontrolle, Überwachung, militärischer Führung oder gar Zwang zu tun hat. Kontrolle per se gilt es nicht zu verurteilen, sie aber zum alleinigen Führungsprinzip zu erheben oder im vielfach und falsch zitierten Satz: „Vertrauen ist gut, Kontrolle ist besser" auch noch gegen das Vertrauen auszuspielen, kann doch als fragwürdig gelten. Der Satz wird übrigens Lenin zugeschrieben, der in seinen Schriften häufig das russische Sprichwort: „Vertraue, aber prüfe nach" verwendet, was dem Satz jedoch eine ganz andere Bedeutung gibt (Sprenger 2002: 72).

Vielfach wird, wenn die Peitsche im Spiel ist, mit Angst als Form von Strafreiz gearbeitet. Wenn ein Unternehmen Detektive gegen die eigenen Mitarbeiter einsetzt und sie, wie etwa in einem Handelsunternehmen geschehen, durch ein Loch in der Trennwand zwischen Lager und Verkaufsraum heimlich filmen lässt, dann ist es nicht mehr weit bis zur literarischen Vorlage einer durch totale Kontrolle gestalteten Gesellschaft: Dem 1949 erschienenen Roman *1984* von George Orwell, in dem ein totalitärer Überwachungsstaat mittels einer Gedankenpolizei und omnipräsenter Bildschirme seine Mitglieder vollständig zu beherrschen sucht (Orwell 1994).

Wie ergeht es nun dem mit solchen Führungsformen konfrontierten Mitarbeiter? Der Esel, er lernt. Er passt sich an, allerdings nicht unbedingt in die gewünschte Richtung. Er wird einerseits immer besser darin, nach der Möhre zu schnappen, ohne sich tatsächlich zu bewegen – was ja durch die Möhre eigentlich beabsichtigt werden sollte. Die durch den Belohnungsreiz in Aussicht gestellte Belohnung wird ergattert, ohne den damit verbundenen Aufwand beziehungsweise die gestellte Aufgabe zu erledigen. Andererseits entwickelt er immer ausgefeiltere Techniken, um sich den Peitschenhieben zu entziehen, ohne sich fortzubewegen – was ja die Anwendung der Peitsche eigentlich zum Ziel hatte. Dem Strafreiz wird gekonnt ausgewichen, er verliert seine Bedrohlichkeit. Einige Führungskräfte sollten sich konsequenterweise die Frage gefallen lassen, ob sie Führungskraft sein wollen oder lieber Eseltreiber. Und den so Geführten fühlt man sich versucht, „sei kein Esel!" zuzurufen, wenn sie sich manipulativen Möhren beziehungsweise Zuckerbrot von vorne und antreibenden Peitschenhieben von hinten ausgesetzt sehen.

Führung, die nicht kränkt, sondern trägt

„Führung ist die Kunst, die Mitarbeiter so schnell über den Tisch zu ziehen, dass sie die Reibungshitze als Nestwärme empfinden!" Was einen, hier in Form eines Bonmots ironisch formuliert, zum Schmunzeln bringen kann, ist in vielen Unternehmen bittere Realität. Wer davon betroffen ist und das durchschaut, wird schnell verstimmt sein. Die Folgen solcher Verstimmung sind zum Beispiel die innere Kündigung oder Dienst nach Vorschrift. Aber kann es denn überhaupt Führung geben, die ohne Kränkungen, ohne Manipulation und Instrumentalisierung auskommt? Wer glaubt, sich kokett offener oder raffiniert verdeckter manipulativer Techniken der Instrumentalisierung bedienen zu müssen, um erfolgreich führen zu können, der drückt sich offenbar vor der bereits erwähnten Frage nach dem Wesen des Menschen, um die es eigentlich immer auch geht, wenn von Führung die Rede ist.

Dass man mit bestimmten Dingen, wie etwa gefährlichen Maschinen, am besten sachgerecht umgeht, hat sich herumgesprochen. Dass wir mit Tieren artgerecht umgehen wollen ist Konsens. Wie aber gehen wir menschengerecht miteinander um? Dabei kommt es ganz entscheidend darauf an, dass wir uns bei der Beantwortung dieser Frage bewusst werden, was für ein Menschenbild unser Handeln in sich birgt. Mehr noch: Wir stoßen auf eine Asymmetrie. Unser Bild von uns selbst ist meist ein positives und vorteilhaftes, während es uns gar nicht so leicht fällt, von den Kollegen und Mitmenschen gleichermaßen positiv zu denken. Begnügen wir uns bei der Frage des Menschenbilds mit der Ansicht, dass der Mensch ein vielfach determiniertes Reiz-Reaktionswesen ist (Dellbrügger/Werner 2010: 3) oder lassen wir uns vorbehaltlos darauf ein, unser eigenes Menschsein zu be- und zu ergreifen?

Dies kann als Bedingung und zentrales Merkmal unserer Führungsfähigkeit gesehen werden. Führen heißt dann auch, so der Unternehmer Götz W. Werner, das eigene Menschsein begreifen zu lernen (Dellbrügger/Werner 2010: 2). Dies kann eine lebenslange Aufgabe und spannende, ergebnisoffene Forschungsfrage gerade für Führungskräfte werden.

Auf zu neuen Ufern

Wie kann man allen in einem kollegialen Arbeitszusammenhang Tätigen ermöglichen, dieser Frage nach dem eigenen Menschsein nachzugehen und die sich dabei einstellenden individuellen und ganz praktischen Erkenntnisse umzusetzen, also aus eigener Erkenntnis zu handeln?

Führung ist dann nicht mehr die Durchsetzung von Fremdwillen beziehungsweise Intervention zur Beeinflussung von Verhalten in die gewünschte Richtung, sondern Führung wird dann zur Aufgabe, anderen zum Erfolg zu verhelfen. Wer gut führen kann, befähigt andere dazu, sich selbst zu führen. So kann im Arbeitszusammenhang der Einzelne das initiative Element und die Gemeinschaft das tragende Element werden. Selbstführung zu ermöglichen bedeutet natürlich auch loszulassen, Verantwortung zu delegieren und bei den Mitarbeitern ein Handeln aus eigener Initiative und Erkenntnis zu fördern. Ein Blick in die Geschichte der Führungsauffassungen zeigt, dass mit der tayloristischen Arbeitsorganisation eine Trennung von Denken und Handeln einsetzte. Diese Trennung hatte Auswirkungen in viele Lebensbereiche hinein und ist bis heute nicht überwunden. Es gibt aus dieser Zeit das sprechende Bild der Weißkittel (Ingenieure, Manager) und der Blaukittel (Arbeiter): Die einen denken sich aus, was die anderen ausführen. Denken und Handeln waren, auch äußerlich sichtbar, getrennt. Das hat in arbeitsteiligen industriellen Produktionsprozessen der *old economy* ganz gut funktioniert. Aber heute geht das immer weniger. Nicht nur die Anforderungen einer immer komplexer und dynamischer werdenden Arbeitswelt, sondern auch das veränderte Bewusstsein und Selbstverständnis des Gegenwartsmenschen lassen eine solche Führung immer weniger zu. So muss sich Führung heute nach den Menschen richten und nicht umgekehrt. Nicht das Trimmen nach immer neuen Führungsmodellen oder -moden führt zum Erfolg. Führungsmodelle sind, insofern sie dem Bewusstseinswandel und den sich ändernden Bedürfnissen des Gegenwartsmenschen nicht Rechnung tragen, Auslaufmodelle! An ihre Stelle tritt heute nach und nach ein Führungsverständnis, das sich, gemessen am klassischen Führungsdenken, selbst aufhebt: Indem das in jedem schlummernde unternehmerische Potential durch das Zutrauen zur Bewältigung von Aufgaben angesprochen wird, entsteht eine Arbeitsatmosphäre, in der sich die Mitarbeiter entfalten, Selbstführung erlernen und ihre Fähigkeiten entwickeln können (Dellbrügger 2007: 74).

Merkmale dieses neuen, auf Selbstführung basierenden Führungsverständnisses sind zum Beispiel, dass an die Stelle von durch Macht legitimierter Hierarchie eine Hierarchie der Fähigkeiten treten kann, oder dass Führen auch bedeutet, ein Bewusstsein davon zu entwickeln, wann und wie ich selber geführt werde. Führen wird so zur Bewusstseinsführung im Sinne der freien Ermöglichung von Einsicht in das Notwendige. Eine Sichtweise, die Selbstführung nur deshalb für legitim hält, weil Fremdführung zunehmend scheitert, greift zu kurz. Ansätze eines solchen neuen Selbstführungsverständnisses finden sich etwa in der Disziplin der „Personal Mastery" (Senge 2011: 153) bei Peter Senge oder, noch deutlicher, in den von Rudy Vandercruysse beschriebenen Grundübungen einer Kultur der Selbstführung (Vandercruysse 2011). Eine aktuelle Studie des Führungskräfteverbands ULA, die in Zusammenarbeit mit der Zeitschrift „Managerseminare" entstanden ist, gibt Aufschluss darüber, bei welchen Themen sich Führungskräfte Unterstützung wünschen, also welche entsprechenden Seminare und Veranstaltungen am meisten gebucht werden: Ganz vorne rangiert dabei das Kompetenzfeld „Selbstführung".

Eine Fehlform von Selbstführung wäre etwa die Auffassung, der früher im Fremdführungsverhältnis zwecks Verhaltensbeeinflussung ausgeübte Druck müsse nun mangels Durchsetzungsmöglichkeit internalisiert werden, um gewissermaßen den „Störfaktor Individuum" noch optimaler auszubeuten, und um die „Führungslücke" zu schließen. Mit Selbstführung ist hier auch keine Selbstbeeinflussungsstrategie gemeint, die auf das Erlangen von wünschenswertem, von außen vorgegebenem Verhalten abzielt. Vielmehr lässt sich Selbstführung skizzieren als eine experimentelle und liebevolle Erkundungshaltung, die zu einem auf Selbst- und Welterkenntnis gegründetem Handeln führt. Mit dieser Haltung werden Anlässe zur Selbst- beziehungsweise Fähigkeitsentwicklung aus individueller Erkenntnis und aus eigenem Antrieb heraus gesucht. Die Ziele werden dabei selbst gesetzt. An die Stelle von Abrichtung oder Dressur kann nach und nach der aus eigener Erkenntnis handelnde, sich seiner eigenen Motive bewusst werdende Mensch treten. Und allem Zweckrationalen im Führungsdenken lässt sich entgegenhalten: Arbeit ist nicht nur nützlich in Bezug auf ein Anderes, sondern hat einen Eigenwert. Leben, Gestaltung der eigenen Biografie, Selbstentwicklung, auch Selbstverwirklichung kann durchaus innerhalb der Arbeit stattfinden. Es macht dabei einen zentralen Unterschied, ob das Motiv, den Menschen ernst zu nehmen, darin liegt, ihn optimal verzwecken zu wollen und scheinheilig Interesse zu heucheln, oder ob dieses Ernstnehmen ohne entsprechende Hintergedanken geschieht, um seiner selbst willen.

Ein Führungsansatz, der solches versucht, ist kein netter Zusatz für konjunkturelle Schönwetterperioden, scheinbar raffiniertes Employer Branding oder einfach nur erweitertes Marketing zur allgemeinen Imagepflege. Ein solcher Ansatz intendiert eine reale Führungskultur, ist existentiell-integrativer Bestandteil eines Unternehmens und entspringt der Erkenntnis, dass in jedem Menschen der Wille beziehungsweise die Bereitschaft und Fähigkeit schlummern, eigenverantwortlich tätig zu sein, sich weiterzuentwickeln, aus eigener Erkenntnis heraus zu handeln und gemeinsam mit Anderen einen Beitrag für das Ganze zu leisten.

Quellenverzeichnis

Arnold, Rolf (2008): Führen mit Gefühl. Eine Anleitung zum Selbstcoaching. Wiesbaden, Gabler.

Brotbeck, Stefan (2004): Dir gehört nur, was Du geben kannst. Aphorismen. Dornach, Pforte.

Buber, Martin (2002): Das dialogische Prinzip. Gütersloh, Gütersloher Verlagshaus.

Buholzer, Sonja A. (2006): Shark Leadership. Management hinter den Grenzen der Angst. Zürich, Orell Füssli.

Dellbrügger, Peter (2007): Gestaltungselemente für eine unternehmerische Führungskultur. Das Beispiel der „Dialogischen Führung" bei dem Unternehmen dm-drogerie markt GmbH & Co KG Karlsruhe. In: Raich, Margit/Pechlaner, Harald/Hinterhuber, Hans H. (Hrsg.): Entrepreneurial Leadership. Wiesbaden, Deutscher Universitäts-Verlag, S. 65–79.

Dellbrügger, Peter/ Werner, Götz W. (2010): Führung als Selbstführung. Pfingstimpulse für Zusammenarbeit. In: Das Goetheanum, Nr. 21–22, Mai 2010, S. 1–3.

Dietz, Karl-Martin/Kracht, Thomas (2011): Dialogische Führung. Grundlagen – Praxis. Fallbeispiel: dm-drogerie markt. 3. aktualisierte Neuauflage, Frankfurt am Main/New York, Campus.

Fischer-Appelt, Bernhard (2005): Die Moses Methode. Führung zu bahnbrechendem Wandel. Hamburg, Murmann.

Gostick, Adrian/Elton, Chester (2006): Führen mit Möhren. Motivieren Sie Ihre Mitarbeiter zu großen Leistungen. Weinheim, Wiley.

Hofmann, Bernd (2011): Führen aus der Hängematte. Mit Leichtigkeit und Eleganz zu Leistung und Erfolg. Wiesbaden, Gabler.

Hunt, Morton (1991): Die Praxis der Sozialforschung. Reportagen aus dem Alltag einer Wissenschaft. Frankfurt am Main/New York, Campus.

Huxley, Aldous (2009): Schöne neue Welt. 66. Auflage. Frankfurt am Main, Fischer.

Kellermann, Barbara, (2009): Ritterspiele. Gespräch mit Stefan Heuer. In: brand eins, Nr. 4, April 2009, S. 64–69.

Neuberger, Oswald (1990): Der Mensch ist Mittelpunkt. Der Mensch ist Mittel. Punkt. Acht Thesen zum Personalwesen. In: Personalführung, Bd. 23, Nr. 1, S. 3–10.

Orwell, George (1994): 1984. 17. Auflage. Berlin, Ullstein.

Scharmer, C. Otto (2009): Theory U. Von der Zukunft her führen. Presencing als soziale Technik. Heidelberg, Carl-Auer-Systeme.

Schwarz, Gerhard (2008): Führen mit Humor. Ein gruppendynamisches Erfolgskonzept. Wiesbaden, Gabler.

Senge, Peter, (2011): Die fünfte Disziplin. Kunst und Praxis der lernenden Organisation. 11., völlig überarbeitete und aktualisierte Auflage. Stuttgart, Schäffer-Poeschel.

Sprenger, Reinhard K. (2002): Vertrauen führt. Worauf es im Unternehmen wirklich ankommt. Frankfurt am Main/New York, Campus.

Sprenger, Reinhard K. (2010): Mythos Motivation. 19., aktualisierte und erweiterte Auflage, Frankfurt am Main/New York, Campus.

Vandercruysse, Rudy (2011): Ich und mehr als ich. Grundübungen einer Kultur der Selbstführung. Heidelberg, Menon.

Vasek, Thomas (2011): Die Weichmacher. Das süße Gift der Harmoniekultur. München, Hanser.

KARL-MARTIN DIETZ

Initiative statt Gefügigkeit
Bildung im Zeichen der Individualisierung

Was "Führung" zu leisten hat, unterliegt seit einigen Jahrzehnten einem starken Wandel. War sie einst vor allem ein Instrumentarium zur Beherrschung von Untergebenen, so dient sie inzwischen immer mehr einer Befähigung der Mitarbeiter zu eigenständigem unternehmerischem Handeln.[1] Damit erfordert auch die betriebliche Bildung eine neue Anbindung an die gesamtgesellschaftliche Situation. Unser Leben ist von gegenläufigen Tendenzen geprägt: Optimierung der Arbeitsorganisation gegen zunehmende Arbeitslosigkeit; Massenpsychologie gegen die wachsende Bedeutung des Einzelnen; eine Verarmung vieler Menschen gegenüber dem Reicherwerden weniger; wachsende Gesundheitsbelastungen trotz ständiger Fortschritte der Medizin. Es gilt, diese Erscheinungen in ihrem Zusammenhang zu sehen. Sie fordern offensichtlich eine Neuordnung der gesellschaftlichen Verhältnisse, die auf der inneren Kraft der individuellen Menschen beruht: Wie handle ich aus mir selbst heraus? Wie gehe ich mit mir selbst um? Und: wie gehen wir menschenwürdig miteinander um?

Im Besonderen ist hier zu denken an:

- Arbeit:
  Nach Körper-orientierter Führung (Taylorismus), der Berücksichtigung seelischer Bedürfnisse (Human Relations) und dem Einbezug der Eigenintelligenz der Mitarbeiter (kooperative Führung) wird der Einzelne inzwischen "ganzheitlich" (mit Leib, Seele und Geist) von der Arbeitswelt vereinnahmt. Gleichzeitig wachsen Angst, Frustration und Burn-Out-Syndrome (Depression, Sucht etc.) weiter an.

- Arbeitslosigkeit:
  Die strukturelle Arbeitslosigkeit gilt als unumkehrbar und betrifft immer mehr Menschen. Die dagegen eingesetzten Mittel (Hartz IV, Ein-Euro-Job usw.) sind untauglich. Sie verschlimmern die prekären Verhältnisse und verstoßen nicht selten gegen die Menschenwürde.

---

[1] Karl-Martin Dietz, *Jeder Mensch ein Unternehmer*, Karlsruhe 2008. – Im Folgenden wird auf Wunsch der Herausgeber dieses Bandes eine Zusammenfassung der Überlegungen gegeben, die sich ausführlicher finden in *Führung: Was kommt danach? Perspektiven einer Neubewertung von Arbeit und Bildung* (Karlsruhe 2011).

⅄ Grundeinkommen:
Beiden Aporien, der Arbeit ebenso wie der Arbeitslosigkeit, trägt die Idee eines bedingungslosen Grundeinkommens Rechnung. Sie bietet nicht nur eine menschenwürdige Alternative zur bisher üblichen Sozialhilfe, sondern regt die Wertschätzung von Eigenständigkeit in der Arbeit an und überbrückt den gegenwärtig noch klaffenden Abgrund zwischen bezahlter und unbezahlter Arbeit (z. B. bei den sogenannten "Hausfrauen" oder in Non-Profit-Organisationen). Unbezahlte Arbeit spielt schon heute eine bedeutende volkswirtschaftliche Rolle, wird aber gemeinhin nicht als "Arbeit" anerkannt. Mit Hilfe des Grundeinkommens kann aus einer "Arbeitsgesellschaft" eine "Tätigkeitsgesellschaft" (Dahrendorf)[2] werden, in der der Einzelne aus eigenem Antrieb tätig wird und so auch den Sinn seines Handelns selbst verantwortet. Die bislang antagonistischen Beziehungen zwischen Arbeit, Einkommen, Motivation und Sozialstaat werden dadurch auf eine entkrampfte Basis gestellt. Das Grundeinkommen regt dazu an, "an das Leben heranzugehen wie an ein schöpferisches Werk"[3].

⅄ Salutogenese:
Während eine monokausal eingestellte Gesundheitspolitik z. Zt. mehrmals jährlich neue Absurditäten hervorbringt und immer wieder in ausweglose Situationen führt, lehren die Gesichtspunkte der Salutogenese, dass soziale Verhältnisse und geistige Einstellungen des Einzelnen sich unmittelbar auf die Gesundheit auswirken. Diese heute längst bekannten Tatsachen in die persönliche Lebensgestaltung ebenso wie in gesellschaftliches Handeln einzubeziehen, ist überfällig.

Die genannten gesellschaftlichen Erscheinungen (und andere mehr) sind zu sehen vor dem Hintergrund einer "Individualisierung", die seit einigen Jahrzehnten das Leben des Einzelnen im Hinblick auf Originalität und Eigenständigkeit vor neuartige Herausforderungen stellt. Angesichts einer heute zu bewältigenden radikalen "Autonomie" sieht sich der Einzelne zunehmend mit den Grenzen seiner Fähigkeiten konfrontiert.

Autonomie als Aufgabe
Sowohl die eingetretenen Zustände in der Arbeitswelt selbst als auch ihre Kehrseite, die Massenarbeitslosigkeit, fordern Veränderungen, die nicht in erster Linie technologischer oder organisatorischer Art sind. Sie müssen den einzelnen Menschen in

---

2   Ralf Dahrendorf, *Die Chancen der Krise. Über die Zukunft des Liberalismus*; Stuttgart 1983
3   Formulierung von Peter Senge, *Die fünfte Disziplin*, Stuttgart 1996, S. 173

den Stand versetzen, sich sinnvoll und eigenständig in der Gesellschaft zu bewegen. Die Effizienz der Arbeitswelt ist so weit fortgeschritten, dass man sich diese neuen Verhältnisse heute leisten kann. Die seelisch prekäre Situation vieler Menschen macht deutlich, dass man sie sich leisten *muss*, wenn man der im 20. Jahrhundert eingetretenen "ganzheitlichen" Vereinnahmung des Menschen in eine mechanistisch-anonyme Gesellschaft[4] abhelfen will.

Wie an anderer Stelle ausgeführt[5], schwinden im Zeitalter der "Individualisierung" die hergebrachten Werte rapide. Verbindliche Traditionen verlieren ihre Geltung. Der einzelne Mensch muss seine Orientierung zunehmend in sich selber finden. Nach Beobachtungen von soziologischer Seite[6] erzeugt diese neuartige "Autonomie" Verunsicherung, Orientierungslosigkeit, ja sogar Entfremdung von sich selbst. Wie kann dem begegnet werden? – Es gilt zunächst, den Doppelcharakter von "Autonomie" zu verstehen: Sie macht aus dem gewährten *Freiraum* (Freiheit wovon?) zugleich eine *Aufgabe* (Freiheit wozu?). Wer entscheiden darf, der *muss* dies auch tun. Es ist kein anderer da, der ihm die Entscheidung abnähme. Der Freiraum bedarf der bewussten Gestaltung, sonst wird er nicht nur verspielt, sondern führt zur Überforderung. Er entsteht zunächst durch die gesellschaftliche Entwicklung von selbst; die daraus folgende Aufgabe muss individuell ergriffen werden. Ich muss nicht nur "dürfen", sondern auch "wollen" und "können". "Gefordert ist ein aktives Handlungsmodell des Alltags, das das Ich zum Zentrum hat" (Ulrich Beck)[7]. Wie könnte ein solches Handeln aussehen?

"Kompetenz" oder Originalität?

Damit wird "Bildung" zu einer der größten Herausforderungen unserer Zeit. Nicht umsonst wurde zeitgleich zur "Risikogesellschaft" von US-Amerikanern das Zeitalter einer "knowledge society" ("Wissensgesellschaft") ausgerufen. Bildung besteht dabei nicht nur aus methodischen Ansprüchen (lebenslanges Lernen, Kompetenzerwerb usw.). Vielmehr muss im Zuge der Autonomie der Einzelne sich auch die Quellen und die Zielrichtungen seiner Bildung selbst erschließen. Dazu gehören beispielsweise Entwicklungswissen (verstehen, was vorgeht), Umgang mit sich selbst und den anderen Menschen (Selbstführung und Dialogische Kultur) und die

---

4   Erich Fromm, *Authentisch leben,* Freiburg 2006
5   Karl-Martin Dietz, *Jeder Mensch ein Unternehmer. Grundzüge einer dialogischen Kultur,* Karlsruhe 2008, S. 11-20
6   Ulrich Beck, *Risikogesellschaft. Auf dem Weg in eine andere Moderne,* Frankfurt a. M. 1986; Nicola Ebers, *Individualisierung,* Würzburg 1995; u. a.
7   Ulrich Beck, *Risikogesellschaft. Auf dem Weg in eine andere Moderne,* Frankfurt a. M. 1986, S. 217

Fähigkeit, seine Ziele selbst zu suchen und zu verwirklichen (ethischer Individualismus). Auch die Bildungsdebatte der letzten Jahre läuft immer wieder auf diesen Punkt zu, verirrt sich aber meistens in die Ödnis des Formellen (Bewertungen, Prüfungsverfahren, Zertifikationen etc.). Sie wird das Entscheidende so lange verfehlen, als der Fortschritt im Bildungswesen mit obrigkeitlichen Mitteln durchgesetzt werden soll. So etwas wie eine "verordnete Autonomie" *kann* es nicht geben. Aber diese Einsicht scheint die pädagogische Praxis nur zögerlich zu erreichen.

Immerhin war es ein Fortschritt, als in den 1970er Jahren an die Stelle von inhaltlichen Lernzielen die sogenannten "Kompetenzen" traten. Jedoch setzen diese immer schon voraus, was jeder Einzelne erst für sich leisten muss: zu entscheiden, wohin er will und worum es geht. Individuelle Ziele, Orientierungsmarken, Aufgabenstellungen usw. müssen immer schon als geklärt gelten, wenn ich allgemein formulierte "Kompetenzen" einsetze. Ohne diese Klärung läuft das Denken in Kompetenzen Gefahr, doch nur alten Wein in neue Schläuche zu füllen. So etwa, wenn "unter einer Kernkompetenz die dauerhafte und transferierbare Ursache für den Wettbewerbsvorteil einer Unternehmung verstanden [wird], die auf Ressourcen und Fähigkeiten beruht."[8] Als Beispiel diene eine Arbeitsdefinition "Soziale Kompetenz": "Unter sozialer Kompetenz verstehen wir die Verfügbarkeit und Anwendung von kognitiven, emotionalen und motorischen Verhaltensweisen, die in bestimmten sozialen Situationen zu einem langfristig günstigen Verhältnis von positiven und negativen Konsequenzen für den Handelnden führen."[9] – Es geht hier also um "Verhaltensweisen", nicht etwa um Haltungen oder Einsichten; es geht um "Verfügbarkeit und Anwendung", nicht um Grundlagenbildung, inneren Zugriff oder Selbstbesinnung; es geht um ein "günstiges" Verhältnis, d. h. letztlich um den Erfolg des eigenen Handelns; es geht um "Konsequenzen für den Handelnden", nicht etwa um die Handlung selbst oder die Auswirkung auf den Adressaten; es geht um "bestimmte soziale Situationen", nicht aber um Gestaltung von Zukunft. Es geht also letztlich um eingeschränkte Blickweisen auf den Menschen als ganzen ("kognitiv", "emotional", "motorisch"). Also doch wieder nur eine neue Art von "ganzheitlicher Vereinnahmung" (s. o.)? Eine Sozialkompetenz der beschriebenen Art dient der ohnehin herrschenden Mechanisierung der sozialen Welt. Der andere Mensch wird als Sache behandelt (als "Es" im Sinne Martin Bubers) und nicht als einmalige Persönlichkeit ("Du"). Ziel einer solchen Kompetenzbildung ist jedenfalls ein vordergründiger Handlungserfolg. Man sagt "sozial", meint jedoch den eigenen Vorteil. – Vereinzelt gab es schon früh gegenläufige Auffassungen. So machen

---

8 Daniel Fitzek, *Kompetenzbasiertes Management*, Universität Sankt Gallen 2002, S. 27f.

9 Rüdiger Hinsch, Ulrich Pfingsten, *Gruppentraining sozialer Kompetenzen GSK,* Darmstadt 2002[4], S. 11

M. Brater et al. geltend, Sozialkompetenz müsse die Fähigkeit einschließen, "nicht nur einsame Entschlüsse zu fassen, sondern das eigene Handeln mit dem anderer zu vermitteln, also, grundsätzlich formuliert, mit der Tatsache der *Gleichheit der anderen Subjekte* umgehen und diese beim Entwurf des gemeinsamen Handelns berücksichtigen zu können. Soziale Kompetenz beruht also zentral auf der Anerkennung des anderen als Ich, als eigenständiges Handlungszentrum, als Quelle subjektiver Eigenschaften, Wünsche, Handlungen."[10] Positionen wie diese konnten sich in der Praxis bisher nicht durchsetzen.

Bildung als individuelle Orientierung

Sollen die Anforderungen der Individualisierung sich auf die Zukunft der Bildung auswirken, dann muss diese mit dem mündigen Menschen rechnen. "'Mündigkeit' heißt heute, individuell fähig sein, hinter der Oberfläche der Dinge deren Wesen erfassen und sich ganz objektiv auf die praktischen Konsequenzen dieser Schau einlassen zu können." Dazu kommt es "nicht in erster Linie auf ein umfangreiches Wissen an als vielmehr auf die Fähigkeit, in jeder Situation deren Strukturen und Möglichkeiten zu erfassen und phantasievoll im Handeln aufzugreifen."[11] Wie also gewinnen wir zureichende Fähigkeiten gegenüber den Anforderungen von morgen, die wir heute im Einzelnen noch gar nicht kennen können? Wie kommen wir dazu, aktiv zu gestalten statt nur zu reagieren? – Es geht nicht darum, die alten Werte durch neue zu ersetzen, vielmehr muss an die Stelle *normativer* Wertsetzungen eine *individuelle* Orientierung treten. "Autonomie" macht eine neue Art von Bildung notwendig, einen neuen Schub in der Lern-Kultur: allseitig, anlasslos, selbsttragend (initiativ), individuell (nicht curricular für alle gleich) und originär. Konkreter gesagt: die Herausforderungen der "Autonomie" sind in dreifacher Weise zu bewältigen. Zum einen im Hinblick auf die Freisetzung von tradierten Werten und Handlungsweisen. Man versucht zu verstehen, was hier eigentlich vorgeht und gewinnt dadurch eine gewisse Unabhängigkeit von den Vorgängen. Wie kommt es zu dem Totalverlust der verbindlichen Werte? Wo findet er primär statt? Wo sind beharrende Kräfte wirksam? Wie wird de facto damit umgegangen? Es geht um ein Verständnis der bestehenden Verhältnisse, der vorgefundenen Situationen. – Eine andersartige Herausforderung entsteht durch den Umgang mit mir selbst in einer Situation des inneren Wandels (Selbsterfahrung). Wie finde ich die Orientierung und die Kraft zur Lebensgestaltung? Hier geht es um nichts weniger als um einen

---

10 Michael Brater, Ute Büchele, Erhard Fucke, Gerhard Herz, *Künstlerisch handeln*, Stuttgart 1989, S. 159

11 Michael Brater, "Schule und Ausbildung im Zeichen der Individualisierung", in: Ulrich Beck (Hrsg.), *Kinder der Freiheit*, Frankfurt 1998, S. 155

"Weg nach innen" (Novalis). – Und schließlich entsteht im Hinblick auf die (offene) Zukunft im Rahmen der Entfaltung von Individualität die Frage: wo will ich hin? Für welche Perspektiven und Lebensziele entscheide ich mich? Und wie komme ich zu einem Handeln aus mir selbst heraus im Sinne des Ganzen?

Dreifach sind also die Anforderungen an "Autonomie" und damit zugleich des Menschen an sich selbst:

1. Die Vorgänge verstehen:
    Nicht passiv mitschwimmen, re-agieren und das Vorgefallene emotional bewerten, sondern: sich den Ereignissen gegenüberstellen und zu verstehen suchen, was der Fall ist (Phänomene), wie es dazu kam (Ursachen), was sich ändert, was verlorengeht, was neu entsteht (Entwicklungswissen). Praktisch bedeutet dies, Fragestellungen zu generieren, wo bis dahin Thesen und Positionen herrschten, und dadurch neue Horizonte zu öffnen.

2. Autonomie als Zugriff auf sich selbst, der Gewordenes in Frage stellt, im Sinne einer Katharsis. Das bedeutet u. a.
    - ⅄ die alten, u. U. lieb gewordenen Verhältnisse, Einsichten und Standpunkte loszulassen;
    - ⅄ zu handeln ohne vorgängige Sicherheit und Orientierung auf der Suche nach den eigenen Intentionen;
    - ⅄ Krisengeschehen auszuhalten und bewusst zu gestalten: experimentelle Lebensführung.[12]

3. Das Neue aktiv zulassen: Aufmerksamkeit darauf wenden, was zutage tritt, wenn ich mich als zielstrebiger "Macher" vor mir selbst zurücknehme. Neue Wege, neue Ziele, neue Ursprünge bemerken und verstärken. Das bedeutet: Originalität im Sinne eines ethischen Individualismus.[13]

"Autonomie" wird somit zur Chiffre für eine weitreichende Umorientierung des Menschen und seiner Lebensführung, fern aller subjektiven Willkür und ohne Rückzug aus der Wirklichkeit. Bildung fördert dann nicht nur handwerkliche oder mentale Qualifikationen und Fähigkeiten zweckrationalen Handelns ("Kompetenzen"). Bildung stößt vielmehr grundsätzlich in eine zielsetzend-produktive Sphäre vor, in der die Quellen individuellen Handelns zu suchen sind. Lernen kann nicht mehr überwiegend problemorientiert sein, sondern muss in eine offene Zukunft führen. "Bedarfsorientierte Qualifikationen werden sich zunehmend relativieren"

---

12 Einzelne Gesichtspunkte dazu: Karl-Martin Dietz, *Jeder Mensch ein Unternehmer,* a. a. O., S. 89-107; ders., *Individualität im Zeitenschicksal*, Stuttgart 1994, S. 55-124

13 Rudolf Steiner, *Die Philosophie der Freiheit,* GA 4, Dornach 1986

(U. Beck).[14] An die Stelle einer reaktiven tritt eine kreative Lebensauffassung.[15] Schon Rogers benannte Gesichtspunkte für ein sinngetragenes "Lernen", das auf individueller Erfahrung beruht:

> Aber fast jeder Schüler findet, daß große Teile seines Lehrplans für ihn bedeutungslos sind. So wird Bildung zu dem nutzlosen Versuch, Material zu lernen, das keine persönliche Bedeutung hat. Lernen dieser Art betrifft nur den Intellekt. Es ist Lernen, das 'vom Hals ab aufwärts' stattfindet. Es schließt Gefühl oder persönliche Bedeutungszusammenhänge nicht ein; es hat keine Relevanz für den ganzen Menschen.
>
> Im Gegensatz dazu gibt es so etwas wie signifikantes, bedeutungsvolles, auf Erfahrung beruhendes Lernen. (...)
>
> Lassen Sie mich die Faktoren etwas genauer definieren, die an einem solchen signifikanten oder auf eigener Erfahrung beruhenden Lernen beteiligt sind:
> - Es schließt persönliches Engagement ein – die ganze Person steht sowohl mit ihren Gefühlen als auch mit ihren kognitiven Aspekten im Lernvorgang.
> - Es ist selbst-initiiert – sogar dann, wenn der Antrieb oder der Reiz von außen herrührt, kommt das Gefühl des Entdeckens, des Hinausgreifens, Ergreifens und Begreifens von innen.
> - Es durchdringt den ganzen Menschen – es ändert das Verhalten, die Einstellungen, vielleicht sogar die Persönlichkeit des Lernenden.
> - Es wird vom Lernenden selbst bewertet – er weiß, ob es sein Bedürfnis trifft, ob es zu dem führt, was er wissen will, ob es auf den von ihm erlebten dunklen Fleck der Unwissenheit ein Licht wirft. Wir könnten sagen, daß der geometrische Ort des Bewertens zweifelsfrei im Lernenden selbst liegt.
> - Sein wesentliches Merkmal ist Sinn – wenn derartiges Lernen stattfindet, dann ist in der gesamten Erfahrung enthalten, daß der Lernende Sinn darin sieht.
>
> Carl Rogers[16]

---

14 Ulrich Beck, "Thesen für eine umfassende Bildungsreform", in: H. Dieckmann, B. Schachtsieck (Hrsg.), *Lernkonzepte im Wandel*, Stuttgart 1998

15 Peter Senge, *Die fünfte Disziplin* (1990), Stuttgart 1996, S. 173

16 Carl Rogers, *Lernen in Freiheit. Zur inneren Reform von Schule und Universität* (1969, deutsch: 1974), Frankfurt 1988, S. 12 und 13

Die später in der Salutogenese Antonovskys[17] hervorgehobenen Gesichtspunkte (Erkennbarkeit, Handhabbarkeit, Sinnhaftigkeit) spielen also schon bei Rogers eine bedeutende Rolle. Es geht nicht mehr darum, mit Hilfe von Bildung die Welt kritisch auf Distanz zu halten, sondern Erkennen schließt die Frage ein: Wie werde ich ein aktives Glied im Weltzusammenhang?

Der in Vergessenheit geratende Zusammenhang von "Ich" und "Welt" rückt damit wieder energisch in den Vordergrund, statt der wechselseitigen Annullierung zu verfallen, wenn "Ich" als eine Funktion von gesellschaftlichen Faktoren gilt und "Welt" als Konstrukt des Subjekts. Da bleibt dann von beidem nicht viel übrig. Gleichwohl lässt der "Sinn für Zusammenhänglichkeit" (SoC) im Sinne der Saluto-genese offen, *wie* diese Einstellung zu gewinnen ist. Zunächst wurde sie von Anto-novsky nur empirisch festgestellt. Bildung hat jedoch in der Zukunft diese Haltung zu stabilisieren und fortzuentwickeln. – Die drei Aspekte des SoC haben jeweils eine Ich-Seite und eine Welt-Seite und sind ohne deren Zusammenhang nicht tragfähig: Wenn ich mich um "Erkennbarkeit" bemühe, gehe ich davon aus, dass es etwas zu erkennen gibt (Wirklichkeit). Sonst hat diese Haltung keinen Sinn. Es kommt dabei nicht darauf an, wie viel von dem Erkennbaren meiner tatsächlichen Erkenntnis schon zugänglich ist. Ob sich die Wirklichkeit mir umfassend erschließt, ist zweit-rangig. Wenn ich aber gar nicht mit ihrer Existenz rechnen könnte, beruhte der Sinn für "Erkennbarkeit" auf einer Selbsttäuschung. – Wer nach der "Sinnhaftigkeit" der Welt fragt, weiß, dass Sinn nicht den Dingen überzustülpen, sondern dass er in ihnen zu entdecken ist. Der Sinn "zeigt sich" im Zusammenhang des Ganzen. – Die Haltung der "Handhabbarkeit" setzt voraus, dass ich ein eigenständiges Mitglied der Welt bin, mit bewusster Handlungsmöglichkeit und tendenziell freiem Entschei-dungspotenzial. Wie viel mir davon jeweils konkret gelingt, ist dagegen nicht von Bedeutung. – Die Auswirkungen der Salutogenese auf den einzelnen Menschen im Hinblick auf seine körperliche und seelische Gesundheit hängen also eng zusam-men damit, dass der Einzelne in der "Welt" bestimmte Eigenschaften entdeckt. Das Entdecken ist seine eigene Leistung, aber es wäre illusionär, wenn ihm in der ent-deckten Wirklichkeit nicht etwas entspräche. Wenn "Zusammenhänglichkeit" (coherence) von vorne herein illusionär wäre, stünde auch die in der Salutogenese entdeckte Widerstandsfähigkeit gegen widrige Umstände (resilience) in Frage.

---

17 Aaron Antonovsky, *Salutogenese. Zur Entmystifizierung der Gesundheit*; San Francisco 1987, deutsche, erweiterte Ausgabe von Alexa Franke, Tübingen 1997

Alte und neue Bildung

Aus den bisherigen Andeutungen (bei denen es hier bleiben muss) lassen sich Grundzüge einer "neuen Bildung" gewinnen. Während das Bildungsverständnis der letzten Jahrzehnte in der Regel von einer Konditionierbarkeit des Menschen ausgeht und deshalb den "Sinn" vorgeben oder unreflektiert voraussetzen muss, führt neue Bildung dazu, sich autonom auf der Sinnebene zu bewegen und dort den Ausgangspunkt für alles Weitere zu gewinnen. Zusätzlich zum Sachwissen geht es künftig um ein selbst verantwortetes Orientierungswissen, durch das man sein Faktenwissen selbst steuert. Traditionell heißt "Lernen", bestimmte Vorstellungen oder Methoden zu rezipieren. In Zukunft geht es um ein Entwicklungswissen und um die Fähigkeit, die Prozesse des Wissenserwerbs autonom zu gestalten. Das alte Wissen bedurfte vorgegebener Rahmenbedingungen, der Beauftragung und der Anweisungen; das neue Wissen führt zu einem Handeln aus mir selbst heraus (Initiative) und setzt sich seinen Rahmen selbst. Aus einem verwaltenden Handeln wird produktives Handeln. Ging man bisher davon aus, dass das Individuum auf geeignete Weise zu sozialisieren sei, so wird künftig eine Individualisierung der Gesellschaft im Vordergrund des Interesses stehen: Gesellschaft ist für die Einzelnen da und besteht aus deren Initiativen. Der Ursprung des Lebens und Handelns liegt nach bisherigem Verständnis in den gesellschaftlichen Verhältnissen. Er wird in Zukunft immer mehr aus den geistig produktiven Individuen hervorgehen. Unternehmer und Künstler leben bereits heute vielfach in diesem Bewusstsein. Wie wird in dieser Hinsicht jeder Mensch zum Unternehmer?[18] Ziel ist ein autonomes Individuum, das weder der Anpassung noch der Willkür anheim fällt. Mentales Training zur Optimierung von Handlungskompetenz im Horizont betrieblicher Bildung würde da entschieden zu kurz greifen. Indem berufliche Bildung sich "von einem nur zweckorientierten Lernen zu einer auch 'zwecksetzenden' Bildung" wandelt, stehen die überlieferten Bildungskonzepte in Frage.[19]

---

18 vgl. Karl-Martin Dietz, *Jeder Mensch ein Unternehmer. Grundzüge einer dialogischen Kultur*, Karlsruhe 2008

19 Rolf Arnold, "Schlüsselqualifikationen aus berufspädagogischer Sicht.", in: Rolf Arnold, Hans-Joachim Müller (Hrsg.), *Kompetenzentwicklung durch Schlüsselqualifikationsförderung*, Baltmannsweiler 2006, S. 27

Zusammengefasst:

<u>Alte Bildung</u>	<u>Neue Bildung</u>
Der programmierbare (angepasste) Mensch	Der autonome Mensch zwischen Anpassung und Willkür
Sinn vorgeben	Sinn selbst entdecken
Sachwissen aus Vorgaben	Orientierungswissen, aus dem das Fachwissen autonom erzeugt werden kann
additiv, fertige Vorstellungen, Standpunkte	krisenhaft, integrativ, Entwicklungswissen, kreative Unsicherheit
Regelungen, Beauftragungen, Anweisungen	Handeln aus sich selbst heraus (Initiative)
verwaltendes Handeln	gestaltendes Handeln
das Individuum sozialisieren	die Gesellschaft individualisieren
Ursprung des Handelns: die gesellschaftlichen Verhältnisse, Erfahrung	Ursprung des Handelns: das geistig produktive Individuum, Originalität

Es geht also nicht um neue Curricula des Lernens, sondern um ein neues Paradigma von Bildung. Man muss sich auf "Lernen" einstellen, ohne im Voraus schon zu wissen, was es im Speziellen zu lernen gibt. Wenn stattdessen Anpassung und nicht Eigeninitiative noch immer zu den Grundeigenschaften des gegenwärtigen Menschen zu gehören scheint, so ist dies dem herkömmlichen Erziehungswesen und den Traditionen in der Arbeitswelt geschuldet. Der Aufbruch von der alten zur neuen Bildung steht deshalb auch unter dem Signum "Von der Einschüchterung zur Ermutigung". Wie groß sind eigentlich die Chancen zur Entwicklung von Eigenständigkeit? Und wie könnte diese im Einzelnen aussehen? Bildung bleibt jedenfalls nicht nur ein Hilfsmittel, um das Leben "erfolgreicher" zu führen oder angenehmer zu machen, sondern wird zu einem bedeutenden Teil des individuellen Lebens selbst. Sie wird existentiell.

> "Das ideale Individuum wird nicht mehr an seiner Gefügigkeit gemessen, sondern an seiner Initiative. Hierin liegt eine der entscheidenden Veränderungen unserer Lebensweise ..."
>
> Alain Ehrenberg[20]

---

20 Alain Ehrenberg, *Das erschöpfte Selbst*; Frankfurt 2008, S. 192

WOLFGANG GUTBERLET

Zur Kunst der Freiheit in der Führung

Führung und Freiheit scheinen sich nicht zu ergänzen, außer vielleicht in der Verbindung: Führung zur Freiheit. Aber Freiheit in der Führung: darin scheint doch etwas Widersprüchliches zu stecken. Lassen wir den Grundsatz „der Weg ist das Ziel" gelten, so heißt das, nichts kann zum Ziel – nämlich zur Freiheit – führen, was nicht auf dem Weg dahin – also im Prozess der Führung – Prinzip ist und als solches erlebt wird. Es ist deshalb vielleicht doch interessant, sich Gedanken über das Verhältnis von Freiheit und Führung zu machen. Beides miteinander zu verbinden, kann als künstlerische Herausforderung angesehen werden.

1) Unser heutiges Verständnis von Freiheit

Ist die Sorge um die Freiheit nicht gerade in unserer Zeit unangebracht? Haben wir nicht hier in Europa einen Grad der politischen Freiheit erreicht, der verglichen mit anderen Regionen dieser Erde beneidenswert ist? Erscheint es uns nicht gerade so, dass die Freiheiten zu weit gehen und dass sie eingeschränkt werden müssten, zum Beispiel auch in Deutschland, weil sie das Zusammenleben sonst gefährden? Ein typisches reaktionäres Beispiel erscheint mir hierfür das Verbot des Rauchens zu sein – und ich muss dazusagen, dass ich nie Raucher gewesen bin, um nicht in den Verdacht zu kommen, pro domo sprechen zu wollen.

Wenn wir von Freiheit sprechen, haben wir oft unterschiedliche Vorstellungen von ihr. Viele Menschen erwarten dahinter „Freizügigkeit", libertinage statt liberté. Sie verbinden den Begriff der Freiheit mit dem Attribut „wovon". Wenn man das als Freiheit betrachtet und sucht, kann man nach eigener Wahl zufrieden oder unzufrieden sein. Es gibt für jeden Menschen Bedingungen, denen er sich entbinden möchte und andererseits sind selbst die Mächtigsten und Reichsten doch so abhängig, dass sie sich subjektiv meist nicht freier fühlen als Arme und Geknechtete. Versucht man den Grad der Freizügigkeit zu bewerten, so wird jeder nach seinen Kriterien und aus seinem Menschenbild anders urteilen. So könnte man Bereiche benennen, die in unserer Zeit sehr ausgeweitet sind, zum Beispiel im sexuellen Umgang miteinander, und solche, wo wir eng reglementiert sind, zum Beispiel beim Autofahren. Andere sehen es vielleicht umgekehrt. Man kann auch beobachten, dass sich die Haltung gegenüber der Regelbedürftigkeit in unserer Kultur in den letzten fünfzig Jahren sehr verändert hat. Ob man die Freizügigkeit ab- oder zunehmend betrachtet, hängt also sehr von den Feldern ab, die man ins Auge fasst.

2) Ein alternatives Verständnis von Freiheit

Das Verständnis des Freiheitsbegriffes, verbunden mit der Frage „wovon", muss weiterentwickelt und es muss gelernt werden, libertinage und liberté zu unterscheiden. Liberté, um die es im Weiteren geht, ist die Freiheit mit der Frage des „Wozu". Das heißt, wie frei bin ich für andere und wie frei kann ich mich machen, um etwas aus freiem Willen zu tun. Auch in unserem Grundgesetz sind solche Freiheiten verankert. So zum Beispiel die Freiheit zum lauten Denken (die stillen Gedanken waren ja immer frei möglich), die Freiheit der Religionswahl, die Freiheit ein Gewerbe zu betreiben usw. Es geht um die Freiheiten, die wir für unsere Entwicklung und die Entfaltung im Leben benötigen. Darauf müssen wir unseren Blick lenken. Diese Freiheitsräume sollten nicht nur geöffnet, sondern auch anziehend für die Menschen sein, damit sie Lust verspüren, in diese Räume sich bildend hinein zu wachsen. Das drückt ganz wörtlich der Begriff „Erziehung" aus, der wohl ganz bewusst einmal so geprägt wurde, um den Vorgang gegenüber einer „Erschiebung" oder „Erdrückung" abzugrenzen. Es geht für die Entwicklung des Menschen meist gar nicht um unermessliche Freiheitsräume angesichts derer er möglicherweise erschrecken und verzagen würde oder gegensätzlich, von ihnen verlockt würde, hineinzustürmen, mit der Gefahr, sich darin zu verlieren. Vielmehr geht es um den Raum, den Freiheitsraum, der für die nächsten Entwicklungsschritte gewährt werden müsste. Wenn Goethe sagt „der Mensch ist nur Mensch als sich Entwickelnder" und wir ihn dabei fördern wollen, dann ist es genau das individuelle menschgemäße Umfeld, zu dem wir uns als Menschen untereinander verhelfen sollen, das solche Entwicklungsschritte ermöglicht. Unabhängig davon ist es ein Auftrag an jeden Menschen, herauszufinden, welche Räume sich vor ihm auftun, und zu prüfen, ob sie eine Chance für ihn darstellen, ihn rufen, und ob er seine Berufung empfinden kann. Das braucht ein kosmisches Hören, ein Schicksalshören, auf das, was sich vergegenwärtigen will.

Ich möchte den oben zitierten Satz von Goethe: „Der Mensch ist nur Mensch als sich Entwickelnder" umdrehen und dadurch den Begriff der Erziehung verschärft herausstellen – sicher provokativ, aber wohl wahr: Was erzwungen und nicht frei getan ist, sondern getrieben aus Not, Angst, Ärger, Hass, Wut usw. entsteht, ist in diesem Sinn keine menschliche Tat.

Das ist die ideelle Realität. Wir dürfen und müssen uns eingestehen, dass wir den Himmel noch nicht auf Erden haben, aber uns erinnern, dass wir auf dem Weg dahin sein sollten.

Und damit sind die Motive unseres Handelns noch gemischt. Die freie Tat ist zumindest nicht üblich. Selbsterkenntnis ist auch diesbezüglich der erste Weg zur Besserung.

In unserem Wesen wirken alle Ebenen und Herkünfte, wie Pflanzliches und Tierisches, wie Existentielles, Gewohnheitsmäßiges und Triebhaftes, mit. Das ideal Menschliche aber ist die Tat des selbstbewussten, freien Menschen, der sein Handeln voraussichtig plant, Verantwortung dafür übernimmt und es reflektiert. Schiller sagt im Lied von der Glocke:

> „So lasst uns jetzt mit Fleiß betrachten,
> was durch schwache Kraft entspringt;
> den schlechten Mann muss man verachten,
> der nie bedacht, was er vollbringt.
> Das ist's ja, was den Menschen zieret,
> und dazu ward ihm der Verstand,
> dass er im innern Herzen spüret,
> was er erschafft mit seiner Hand."
> (Schiller, Friedrich (1799): „Das Lied von der Glocke")

Goethe und Schiller waren sich offensichtlich in der Frage, was den Menschen auszeichnet, ziemlich einig.

3) Freiheit in Wirtschaft und Führung

Nun kann man fragen, warum oder wozu gerade die Förderung der Freiheit eine Aufgabe der Wirtschaft und der Führung sein soll, wo es doch hier um Ergebnisse, das Funktionieren und um die Sicherheit der Prozesse gehen muss und deshalb in der Wirtschaft und in den Wirtschaftsprozessen eine gewisse Zwanghaftigkeit gebraucht wird, um die fehlerfreie Produktion gewährleisten zu können. Man wird einwenden, dass man in solchen Prozessen viel weniger das Denken des Menschen als seinen Willen braucht und damit genötigt ist, diesen Willen in Stärke, Richtung und Konstanz mit disziplinarischen Methoden und Konditionierungen zu erreichen und sicherzustellen. Die Konsequenz daraus ist, dass mehr das Tierhafte im Menschen angesprochen wird, die Gewohnheit – weshalb auch vom „Gewohnheitstier" gesprochen wird –, seine positive und negative Triebhaftigkeit, und sofern das nicht reicht, die Angst. Positive Ansprachen – oft als „softe Unternehmenskultur" angeführt – richten sich an das soziale Bedürfnis des Menschen, über Betriebsklima-Fragen, Gruppenbildungsprozesse, Wohlfühl-Aktivitäten und viele helfende Programme.

Insgesamt gesehen schafft man Bedingungen, von denen zu erhoffen ist, den verlässlichen Leistungswillen des Mitarbeiters zu gewinnen. Das alles scheint notwendig zu sein, eben weil die Menschen auf verschiedenen Ebenen angesprochen werden wollen und je nach individueller Entwicklung auch müssen.

Aber wenn wir den freien Menschen fördern wollen, leisten wir auf diesen Wegen nur wenig Beitrag. Den freien Menschen zu fördern – und es muss in der Wirtschaft geschehen, da der Mensch heute überwiegend von dem Geschehen in der Wirtschaft geprägt wird –, erfordert den Mut, die Freiwilligkeit des Menschen anzusprechen und darauf zu vertrauen. Gottlieb Duttweiler hat dies in dem Satz „Freiwilligkeit ist der Preis der Freiheit" wunderbar zusammengefasst. Ich denke, dieser Satz ist auch umkehrbar: Freiheitsentwicklung setzt Freiwilligkeit voraus! Duttweiler spricht an anderer Stelle von der Notwendigkeit, die Freiheit in der Wirtschaft zu bewahren und dafür auch freiwillig soziale Verantwortung zu übernehmen. Goethe definierte Pflicht, indem er schreibt „...wo man liebt, was man sich selbst befiehlt". In der Literatur kann man viele Stellen finden, die sich mit dem Verhältnis von Freiheit und Freiwilligkeit auseinandersetzen. Mein Vater hatte für mich seine eigene, aber ähnliche Fassung: „Junge mach's gern, machen musst du's doch." Damals konnte ich den Satz nicht mit der Freiheitsfrage verbinden und auch nicht damit, dass es „frei macht", freiwillig aus Einsicht in die Notwendigkeit zu handeln. Rudolf Steiner erweitert die Aufgabe um das sich gegenseitige Tragen und Ertragen und erklärt: „Leben in der Liebe zum Handeln und Lebenlassen im Verständnis des fremden Wollens ist die Grundmaxime der freien Menschen."

Wenn wir Freiheit als Entwicklungsziel der Menschheit unterstützen wollen und gleichzeitig erleben, dass die Wirtschaft heute der wichtigste kulturprägende Faktor ist und nicht nur Produktion, muss auch im einzelnen, wirtschaftlichen Unternehmen neben der Aufgabenstellung des Leistens die des Lernens ermöglicht und gefördert werden. Damit werden das Erlebnis und die Erfahrung von Freiheit und Freiwilligkeit ein notwendiges Kriterium für unternehmerische Lern- und Leistungskultur.

4) Was kann eine Führungskultur zur Freiheitsentwicklung beitragen?

Für Führung gibt es viele Definitionen, die hier nicht diskutiert werden sollen. Bei der Führung gibt es aber auch ein inneres Empfinden, ein inneres Bild davon, was Führung mit mir in der Beziehung zum anderen Menschen macht oder welche Erwartungen ich selbst an mich als Führenden in Bezug auf die Beziehung zu Anderen habe. In unseren Schulungen regen wir zu dieser Frage an, indem wir in einer Übung viele Bilder über Beziehungsbeispiele auslegen. Die teilnehmenden Mitarbeiter assoziieren dann eines der Bilder mit ihrem Verständnis von Führung und begründen schließlich ihre Wahl. Es kommt dabei weniger auf das Bild als auf das, was sie selbst ausdrücken, an. Ihre Entscheidung sagt etwas über ihr Verhältnis zwischen Führendem und Geführtem aus. Sie können es eng erleben, im Sinne einer festen mechanischen Anbindung (zum Beispiel wie bei dem Hund an der kurzen Leine, auch einer gewissen Art, Kinder festzuhalten). Das Verhältnis kann aber auch als ganz weit, als berührungsloses, nur über das Bewusstsein und das innere Dabeisein geleistetes Führen dargestellt werden. Dieses Führungsverständnis finden wir zum Beispiel auf alten Bildern dargestellt, wo ein Engel hinter einem am Abgrund stehenden Kind wacht und es über seine konzentrierte Aufmerksamkeit vor dem nahenden Unglück bewahrt, statt es am Kragen zu packen. In dieser Spanne zwischen physischer und geistiger Verbundenheit pflegt jeder seinen individuellen Führungsstil. Die Wahl eines Führungsstils in dieser Spanne hat eine nicht immer beachtete Folge.

Je enger ich führe, desto größer wird meine Verantwortung. Wer führt kann jederzeit zum Verführer werden. Je mehr man über Bewusstseinsbildung führt, desto mehr wird die Selbstführung angeregt und auch Selbstverantwortung seitens des Geführten übernommen. Ob unsere Führungsvorstellung mehr zum einen oder anderen Stil neigt, hängt oft eng damit zusammen, welchen Führungsstil wir als Heranwachsende überwiegend erlebt haben, besonders dann, wenn wir ihn als sehr wirksam erlebt haben. Der provozierende Begriff „Verführung" ist hier nicht moralisch gemeint, sondern soll die Verlagerung der Verantwortung unterstreichen und dafür wach machen. Eine weitere gefährliche Folge fehlender Freiwilligkeit ist, dass der Führende aus seiner Eigenheit den Weg vorschreibt. Damit ist nicht gesagt, ob der damit entschiedene Weg besser oder schlechter ist, sondern nur, dass er die Verantwortung dafür mit übernimmt und die geführte Person mehr oder weniger in die Kindesrolle drängt.

Andererseits: Je weitgehender ich mich beschränke auf die Anregungen zur Selbstführung, umso mehr verlangt es vom Geführten Aufmerksamkeit, Wachheit und Lernwille. Es ist seine Aufgabe, aus den am Führenden erlebten Prinzipien nicht nachahmend, sondern verständnisvoll den eigenen Weg zu finden. Das macht deutlich, dass ein Führender nicht einen Führungsstil haben kann, sondern sich idealerweise ganz auf die Situation einstellen kann. Er muss mit Blick auf den Geführten den Führungsstil wählen, der fördernd ist, das heißt, so eng und so weit, dass der entstehende Raum dem Urteilsvermögen und den Willenskräften des Geführten angemessen ist.

Daraus folgt: Die selbstkritische Betrachtung und die bewusste und einfühlsame Gestaltung des Führungsstils ist die Herausforderung für den Führenden, damit sein Führungsstil weniger mit seiner Eigenart und Neigung verbunden ist, als mit den

Erfordernissen der Situationen und der Menschen, die ihm anvertraut sind. Welche Ratschläge kann man aus einer langjährigen Führungspraxis geben?

5) Prinzipien von Freiheit in der Führung

1. Willkür beim Vorgesetzten bremst Freiheit aus. Deshalb sollten willkürliche Beauftragung und Beurteilung vermieden werden. Willkür kann man oft an den folgenden zwei Formulierungen erkennen: Erstens an dem „wir wollen" und zweitens an dem „es muss". Beides sind verschleierte „du sollst". Gerade weil sie verschleiert sind, wirken sie so willkürlich. Ein klares „du sollst" erleichtert eine Auseinandersetzung und mündet vielleicht in ein „ja" oder „nein". Um dem Risiko des „nein" zu entgehen, wird beim „wir wollen" mit einer oft nicht ehrlich gemeinten kollegialen Vereinnahmung gearbeitet. Dagegen operiert man bei dem „es muss" mit Systemzwang, mit einem Zwang von oben, der anonymisiert und damit nicht fassbar ist. Zu empfehlen ist, den Mut zu einem klaren „ich will" zu finden und damit den Weg für den Anderen frei zu machen und ihn anzuregen, ebenfalls zu einem eigenen „ich will" zu kommen. Denn sowohl das „wir wollen" als auch das „es muss" verbauen die Chance zur Freiwilligkeit von vornherein. Man möchte hier auffordernd rufen: Gib ihm die Chance „ja" zu sagen! Natürlich entsteht dadurch auch die Chance, „nein" zu sagen. Aber: Haben wir Vertrauen in die oben schon angesprochene Einsicht in die Notwendigkeit, die viel häufiger ist, als wir es glauben!

2. Wir können aus der modernen Hirnforschung (Gerald Hüther) wissen, dass die einzig wirklich günstige Lernkonstellation das Gefühl der unbedingten Angenommenheit ist. In der Kindererziehung soll sie durch die bedingungslose Liebe der Eltern bereitet sein; im Christentum ist es die grenzenlos verzeihende Annahme des Menschen guten Willens. Das werden wir in Wirtschafts- und Arbeitsverhältnissen nicht so bieten können, aber wir können uns bemühen, sehr konsequent zwischen dem Menschen und dem Ergebnis seiner Arbeit zu unterscheiden. Das ist eine schwierigere Aufgabe, als es auf den ersten Blick erscheint. Denn jede gute und jede schlechte Leistung, die wir erleben, wirkt unmittelbar auf unsere Stimmungslage, Sympathie und Antipathie. Es erfordert – diese Erfahrung wird jeder schon gemacht haben – viel Arbeit, sich emotional nicht mitnehmen zu lassen, sondern bei aller kritischen Betrachtung des Arbeitsergebnisses die Würde des Menschen auch innerlich nicht zu beschädigen. Wenn einem dieses zunehmend gelingt, wird man erleben, dass man wahrhaftiger und klarer über die Arbeitsergebnisse sprechen kann, gerade weil

die Person dabei nicht angegriffen wird, und leichter gemeinsam das Arbeitsergebnis beurteilen kann.

3. Freiheit und Freiwilligkeit setzen voraus, dass der Geführte das Ziel kennen
lernen und dazu eine sinnvolle Beziehung eingehen kann. Er will mitdenken und
muss über die Konsequenzen urteilen können, wenn er Verantwortung übernehmen soll. Es wird oft beklagt, dass keine Verantwortung übernommen wird.
Aber Verantwortung übernehmen zu können, setzt eine eigene Urteilsmöglich-
keit über die Konsequenzen voraus. Dazu muss das Ziel benannt, besprochen
und in diesem Lichte frei vereinbart werden. Der Geführte soll in die Lage
versetzt werden, seine Vorstellung über die Strategie, wie das Ziel erreicht
werden kann, selbst zu entwickeln.
Das Aus-Sich-Heraussetzen des Ziels seitens des Vorgesetzten erlebt dieser selbst
ähnlich wie ein Ringen oder einen Geburtsprozess. Oft muss er sich selbst
eingestehen, dass er nicht in der Lage ist, das Ziel gut zu formulieren und die
dazu nötige Vorstellungskraft zu entwickeln. Stattdessen hofft man, dass es sich
im Voranschreiten allmählich konturiert. Wenn es jedoch nicht am Beginn der
Arbeit zu einer klaren Vereinbarung mit dem Mitarbeitenden darüber kommt,
begibt dieser sich in die Willkür des Auftraggebers, weil das Ziel ständig einseitig
verändert werden kann und das Irritation und Verzweiflung bringt.

4. Dass dann die Hilfestellung, nachdem der Beauftragte seine Tätigkeit aufge-
nommen hat, ermutigend oder helfend, und nicht eine nachträgliche Einengung
in Bezug auf den Weg sein sollte, scheint selbstverständlich. Aber wie leicht
reagieren wir überrascht, wenn die Abwicklung des Auftrags nicht in der
gleichen Weise erfolgt, wie es der eigenen Gewohnheit entspricht. Und schon
die Äußerung der Überraschung darüber kann besonders bei starker Hierarchie-
orientierung die ersten Schritte in eine selbständige Erledigung behindern.

5. Aber die richtige Hilfestellung ist einfacher als die richtige Annahme und
Abnahme des Werks. Als Vorbereitung dafür kann es hilfreich sein zu prüfen,
ob man nicht mit Vorurteilen oder Vorerwartungen darauf zugeht, sondern
ganz in der Wahrnehmung bleibt und das Arbeitsergebnis ausschließlich auf
Basis der gemeinsamen Zielvereinbarung betrachtet und nicht im Laufe der Zeit
hinzugekommene Eindrücke und Erkenntnisse einmischt und damit aus verän-
derten Vorstellungen beurteilt. Schafft man es dann noch, das eigene Urteil
zurückzuhalten und den Beauftragten zuerst urteilen zu lassen, wie er das
Ergebnis seiner Arbeit im Lichte der Zielvereinbarung beurteilt, so gelingt ein
großer Vertrauensbeweis. Es ist für den Führenden höchst lehrreich, die Erfahrungen mit Ziel, Weg und Werk im Zusammenwirken aus dem Mund des

Beauftragten zu hören. Es schützt den Führenden vor voreiligen und ungerechten Urteilen. Das ist die Situation, die Schiller in dem schon oben zitierten Text aus der Glocke herbeiwünscht: „Das ist's ja, was den Menschen zieret, und dazu ward ihm der Verstand, dass er im innern Herzen spüret, was er erschafft mit seiner Hand." An diesem Leitbild kann man sich orientieren und dazu sich eine kurze Erinnerungsformel einprägen: „Selbstauswertung vor Fremdauswertung".

6) Freiheit in der Führung als individuelle und kollektive Entwicklungsaufgabe

Es wurden nun einige Beispiele angeführt, wie man Willkür reduzieren und im Gegenzug Freiheit und Freiwilligkeit fördern kann. Man wird in der Arbeit mit diesen Haltungen und Vorgehensweisen den selbstbewussten Menschen fördern können, der sich für eine Idee frei machen kann. Entsprechend des Satzes: „(...) der Mensch ist von nichts abhängig als von seinen eigenen Ideen" (Goethe, Weltanschauung) und die Idee ist die Richtschnur und die Liebe ist die treibende Kraft in der Goetheschen Ethik (Rudolf Steiner, „Goethes Weltanschauung in seinen Sprüchen in Prosa", GA 1 Kapitel 18).

Dieses menschliche Ideal zu erreichen, ist die eigentliche Entwicklungsaufgabe, die uns auf dieser Erde gestellt ist. Unsere Biographie führt uns über die jugendliche Befreiung und Erfassung unserer eigenen Mächtigkeit zum Liebenlernen der anderen Menschen, der Partner, der Kinder, der Freunde und lehrt uns an dieser Liebe zum Menschen zu wachsen, zur Liebe an den Ideen.

Wenn wir heute vor dem zunehmenden Problem des „Burnout" stehen, wird dies oft als Folge von Arbeitsüberlastung angesehen. Ist es nicht vielmehr ein Mangel an Idealismus, an Begeisterungsfähigkeit? Andernfalls müssten alle unsere Spitzensportler unter einem „Burnout" leiden, denn sie belasten sich übermäßig. Und diese Begeisterungsfähigkeit, die als Grundlage die Sinnhaftigkeit, Verstehbarkeit und Handhabbarkeit braucht, ist eine Frucht der menschlichen Entwicklung über die Stufen zur Freiheit. Die Untersuchungen von Aaron Antonovsky bestätigen dies von empirischer Seite. Er hat die Kohärenz dieser drei Voraussetzungen (hier frei übertragen aus dem Englischen: meaningfulness, comprehensibility, manageability) als Grundlage für physische und psychische Gesundheit herausgearbeitet.

Die Förderung der Freiwilligkeit und damit auch Freiheit ist deshalb nicht nur ideell, sondern auch praktisch, ein wichtiger Lern- und Kulturbeitrag der Wirtschaft. Das ist für die Weiterentwicklung – man könnte sogar „Rettung" sagen – einer menschengemäßen Kultur höchst aktuell und notwendig.

7) Kunst der Freiheit in der Führung

Es wurde am Anfang von der Kunst gesprochen und angedeutet, dass die Verwirklichung der Freiheit in der Führung auch eine künstlerische Aufgabe, eine soziale Kunst, ist. Novalis sagt: „Jedes Geschäft muss künstlerisch behandelt werden, wenn es sicher und dauernd und durchaus zweckmäßig gelingen soll."

Was hat er damit gemeint und wie können wir diesen Satz im Zusammenhang mit den Erörterungen hier verstehen?

Wenn Goethe zum Verhältnis von Wissenschaft und Kunst sagt: „Ich denke, Wissenschaft könnte man die Kenntnis des Allgemeinen nennen, das abgezogene Wissen; Kunst dagegen wäre Wissenschaft zur Tat verwendet; Wissenschaft wäre Vernunft und Kunst ihr Mechanismus, deshalb man sie auch praktische Wissenschaft nennen könnte. Und so wäre denn endlich Wissenschaft das Theorem, Kunst das Problem.", so kann dieser Satz uns darauf hinweisen, dass wir uns nach den Betrachtungen zur Frage von Freiheit und Freiwilligkeit fragen müssen, inwieweit wir die Ideen so herausgearbeitet haben, dass wir sie im täglichen Leben angesichts der praktischen Herausforderungen individualisieren und situativ verwirklichen können. Rudolf Steiner stellt diesen Satz von Goethe an das Ende seines Werkes „Grundlinien einer Erkenntnistheorie der Goetheschen Weltanschauung mit besonderer Rücksicht auf Schiller". Er erläutert, dass wir in der Wissenschaft theoriebildend der Schöpfung die Grundgesetzlichkeiten ablauschen müssen, so dass wir aufsteigend zur Idee und mit Blick auf das Soziale verstehen lernen, was das Wesentliche der menschlichen Entwicklung ist. Die Aufgabe im künstlerischen Gestalten ist es, diese Idee in der jeweiligen Situation sichtbar zu machen. Im Gestalten, so sagt er, dürfe nichts zurückbleiben, dem nicht der Künstler seinen Geist aufgedrückt hätte.

Muss man daraus nicht den Auftrag entnehmen, das Prinzip und die Bedeutung der Freiheit in der Führung soweit und so tief verstehen zu lernen, dass wir keine Gelegenheit ungenutzt lassen, die Führung aus diesem Gesichtspunkt heraus zu gestalten? Man kann unmittelbar einsehen, wie weit man davon weg ist. Es macht aber auch sofort die Richtigkeit des Satzes von Novalis klar. Je mehr wir in diesem Sinne unser Geschäft künstlerisch behandeln, desto solider, dauerhafter und zweckmäßiger wird es gelingen. Die Selbsterkenntnis soll uns nicht entmutigen, sondern zum Vertiefen und Üben herausfordern. Meine Ausführungen können dazu nur eine unfertige und unvollständige Anregung sein.

BENEDIKTUS HARDORP

Führung ohne Hierarchie?[1]

Die so formulierte Frage wird manchem Leser als in sich widerspruchsvoll erscheinen. Wie soll Führung sich realisieren, wie kann sie wirksam sein, wenn der **Führende** nicht über ein klares **Weisungsrecht** verfügt, wenn es nicht **Geführte** gibt, die sich ihm eindeutig unterzuordnen haben? Wie soll denn **Verantwortung** abgegrenzt werden, wenn sie nicht von oben nach unten verliehen und delegiert wird? Wer soll denn den **Zusammenhalt** des Ganzen garantieren, wenn einem Unternehmen nicht eine klare Konzeption der Spitze zugrunde liegt? Kurz: Führung ohne Hierarchie ist wie ein Fisch ohne Wasser, wie ein Hirsch ohne Landschaft, ist ein Boot ohne Steuermann.

Hierarchie der Führung wird dabei hinsichtlich ihrer Wirksamkeit von oben nach unten gedacht: oben, „an der Spitze", steht der „führende Mann", der Unternehmer; von ihm geht alle Initiative aus. Er übersieht verantwortlich Entwicklung und Aufgaben, formuliert und steckt aus dieser Obersicht heraus Ziele, löst sie in Teilaufgaben und Teilziele auf, sucht die geeigneten Mitarbeiter aus, weist ihnen Aufgabenbereiche zu, überwacht die Durchführung, kontrolliert die Ergebnisse und ist letztlich nur wieder sich selbst verantwortlich. Intention und Erfolg werden ihm zugerechnet. Er gehört zur Spitze einer Elite und entwickelt oft übermenschliche Züge oder zumindest ein solches Selbstverständnis. Wir verstehen das Unternehmen als sein „Vermögen" in der doppelten Bedeutung des Wortes: als seine schöpferische Leistung und als sein Eigentum.

Dieses Hierarchieverständnis ist alt; seine Ausformungen und Ausgestaltungen haben daher eine lange Entwicklung hinter sich, die viele „Verbesserungen" gebracht hat. Die Omnipotenz des Unternehmers, das private Gottesgnadentum, die naive Identifikation des Unternehmers mit dem Unternehmen ist abgebaut worden und weitgehend einem kontrollierten System, einer Art „konstitutiven Monarchie" gewichen.

Im staatlichen Bereich kann man diesen Weg von der Feudalverfassung über das Budgetbewilligungsrecht der Stände bis zum modernen demokratischen Parlamentarismus verfolgen. Im militärischen Bereich zeigt sich dieser Wandel vor allem in dem organisatorischen Konzept der preußischen Heeresverfassung seit Scharnhorst

---

1   Überarbeitete Fassung aus *Der Wirtschaftsprüfer als Unternehmensberater*. Festschrift für Wirtschaftsprüfer und Steuerberater Dr. Max Horn zum 70. Geburtstag, Ulm 1974.

und Gneisenau, die dem alten Kommandeursystem die größere Selbstdisziplin eines in „Stab und Linie" organisierten Heeres auferlegten. Diese Anfang des 19. Jahrhunderts gefundene und in den napoleonischen Kriegen erstmals erprobte Lösung führte einen „Marschall Blücher" wieder zu Erfolgen, die nur mit dem Entscheidungen objektivierenden Generalstab zusammen entstehen konnten. Blücher und Gneisenau, Hindenburg und Ludendorff gehören als Exponenten dieses „Doppelsystems" zusammen. Diese Organisationsidee ist seitdem vielfältig in den industriellen Bereich übertragen worden; sie liegt zum Beispiel dem viel diskutierten „Harzburger Modell" als Leitidee zugrunde. Dabei machen wir allerdings die Erfahrung, daß das institutionalisierte Kontrollelement des „Stab-Linie"-Systems in vielen Fällen im industriellen Bereich gerade für die Spitze außer Kraft gesetzt wird, weil es dem durch Aufbauerfolge ins Übermenschenselbstverständnis aufgestiegenen Unternehmer immer wieder gelingt, sich jeder institutionalisierten Kontrolle zu entziehen, wenn sie für ihn und das Unternehmen am nötigsten wäre.

Man muß erkennen, daß es zu den Schwächen dieses alten Führungssystems für die Gegenwart gehört, daß es gerade für die Spitze des hierarchischen Kegels, der sozialen Pyramide immer wieder möglich ist, wirksame Drittkontrollen auszuschalten, wenn ihr selber die Selbstkontrolle verloren ging. Dieses Phänomen zeigt ein großer Teil der derzeitigen industriellen Großkonkurse deutlich auf. Politisch haben wir diesen Vorgang in der Zeit von 1933 bis 1945 beobachten können und die bei den heraufkommenden, aus dem wirtschaftlichen „Null-Wachstum" resultierenden, zunehmend härter werdenden sozialen Spannungen müssen uns bei der kulturell bedingten allgemeinen Unterentwicklung sozialer Fähigkeiten befürchten lassen, daß sich ähnliche Abläufe – im Kleinen und Großen – auch in Zukunft wiederholen werden.

Soll diese Kritik nun vornehmlich den Einzelunternehmen und Familiengesellschaften gelten? Das wäre ein Mißverständnis. Auch die industriellen Großunternehmen in der scheinbar am besten kontrollierten Rechtsform der Aktiengesellschaft, die einen mitbestimmten Aufsichtsrat und einen Betriebsrat haben, sich der öffentlichen Kritik durch Publizitätsvorschriften stellen müssen und einer unabhängigen Abschlußprüfung unterliegen, sind vor der Ausschaltung der Kontrolle im **richtigen Augenblick** nicht gefeit. Publizität und Abschlußprüfung kommen oft zu spät; letzterer fehlt zumeist Auftrag und Handhabe, in den Bereich der Unternehmenspolitik kontrollierend einzugreifen. Die Mitglieder des Aufsichtsrates verstehen sich zu oft als Repräsentanten und Vertreter bestimmter, nicht mit dem Unternehmen identischer Interessen oder als Beauftragte unternehmenspartieller Interessen z. B. der Arbeitnehmer.

Das Erstaunliche ist bei allem, daß das überkommene Strukturmodell der Hierarchie im Grunde kaum in Frage gestellt wird. Es gibt zwar viel Unzufriedenheit, Unbehagen und Auseinandersetzungen um Personen im Einzelfall; man zielt aber meist auf eine Umbesetzung der nur im Hierarchiemodell verständlichen Rollen und Organe ab. Man will damit Einfluß haben, **wer** bestimmte Stellen der hierarchischen Weisungsorganisation ausfüllen soll. In der grundsätzlichen **Anerkennung** der Hierarchie selbst ist man sich jedoch unausgesprochen und weitgehend einig. Zwar ertönt von vielen Seiten ein Ruf nach größerer **Demokratisierung.** Deren Wirksamkeit wird jedoch wohlweislich auf punktuelle Entscheidungen – Neuwahlen in größeren Zeitabständen, Abstimmung in ganz bestimmten wenigen Einzelfällen – beschränkt. Jede zu weit gehende Demokratisierung läßt allgemeine Unsicherheit, Effekthascherei der zu Wählenden und im wirtschaftlichen Bereich vor allem Ineffektivität von Verfahren und Leistung befürchten. Die gegenwärtige Diskussion um die Mitbestimmung deutet – auf diesem Hintergrund gesehen – zumindest keine echten Reformen oder solche auf direktem Wege an. Wieweit hier grundsätzliche Reformerwartungen enttäuscht werden, wieweit aus gewerkschaftlichem Machtstreben oder aus dem tatsächlichen Fehlen alternativer Konzepte versucht wird, das aus der oft als entwicklungshemmend erlebten industriellen Arbeitswelt heraus entstandene Unbehagen als politische Antriebskraft für die Bildung neuer Machtpositionen alter Art und zum Auswechseln von Personen zu nutzen, ist eine Frage für sich. Es sieht Vieles danach aus, daß grundsätzliche Wandlungen von Führungsstil und Führungsverständnis sowie die ihnen entsprechenden Organisationsentwicklungen und Organisationsreformen zunächst verhindert werden sollen. Es wird Reif auf Manches fallen – und manche Entwicklung wird keine Frucht bringen.

Doch wie der nächste Winter, so kommt auch der Sommer bestimmt. Er kündigt sich deutlich genug an. Wir brauchen darum ein Führungs- und Organisationskonzept, das den eruptiv sich meldenden Entwicklungserwartungen der Menschen unserer Tage entspricht, ein Konzept, das Wunsch und Wille nach Mitbestimmung und Mitgestaltung der industriellen Lebenswelt in einer prinzipielleren und allgemeineren Weise entspricht als dies in allen im politischen Raum bisher diskutierten Mitbestimmungsmodellen der Fall ist. Wir leben in einer Zeit des Aufbruchs individueller Initiativen, im Zeitalter des „mündigen Bürgers" und Mitmenschen. Spontane Bürger-, Eltern- und Wählerinitiativen verändern das politische Klima und ängstigen einen Teil der bisher unangefochten Herrschenden. Wie im Osten ein Sozialismus mit „menschlichem Gesicht" gesucht wurde so wird in der westlichen Gesellschaft schon seit längerem nach einer Humanisierung der Arbeitswelt, nach einer Gesellschaftsordnung mit dem Maße des Menschen gesucht. Es ist deutlich die Frage nach einem Führungs- und Organisationskonzept gestellt, das nicht mehr auf die elitären Führungsleistungen einer gesellschaftlichen Minderheit allein abstellt – derartiges haben wir im Osten wie im Westen. Wir brauchen vielmehr ein Führungs- und Organisationskonzept neuer Art, das auf die **individuelle Initiative** des einzelnen Menschen, des „mündigen Bürgers" abstellt und seiner Erwartung auf Selbstbestimmung und Selbstverwirklichung in der Gesellschaft und mit ihrer Hilfe entspricht.

Drei Forderungen muß man stellen, wenn man ein solches Konzept sucht. An ihnen kann man den Grad der Menschlichkeit von Organisationen, von Sozialgebilden oder kurz „Unternehmen" messen. Sie lauten:

- ein Unternehmen soll **individuelle Initiative** soweit irgend möglich fordern und zulassen,
- es soll Standesunterschiede und **Herrschaftsverhältnisse** und alle anderen klassifizierenden Unterschiede abbauen,
- es muß einen Konsensus in der **Einkommensbildung**, der Existenzmittelverteilung entwickeln, die im individuellen Fall entwicklungsgerecht sind, d. h. im Hinblick auf die jeweilige Zukunft leistungsfördernd und nicht leistungshemmend wirken.

Wer es will, der mag in diesen Forderungen die konkretisierten Maximen der französischen Revolution erkennen:

- **Freiheit** für die an gesellschaftlichen Lebenserfordernissen orientierte persönliche Initiative,
- **Gleichheit** in der gegenseitigen Anerkennung als individueller Mensch, „vor dem Gesetz",
- **Brüderlichkeit** in der Zuweisung von Existenzmitteln, in der materiellen Sicherung der Basis für die eigene Leistungsfähigkeit im Dienste an der Gesellschaft.[2]

Das Verständnis dieser Forderungen weist uns für die Lösung des Problems auf den Weg gruppendynamischer Erfahrungen und Erkenntnisse. Das geforderte Konzept darf nicht zuerst fragen: **Wer** soll führen? – es muß vielmehr zunächst darauf geachtet werden, **wann** Führung entsteht und **wie** sie sich entwickelt, welcher Unterstützung und Hilfsmittel sie bedarf. Und: dieses Konzept muß Antwort bringen auf die Frage, wie die so gehandhabte Führung dazu beiträgt, einen **geordneten Lebens- und Arbeitszusammenhang** entstehen zu lassen, der dabei doch individueller Initiative einen maximalen Freiraum einräumt unter Überwindung menschlicher Herrschaftsverhältnisse und bei Zuteilung und Sicherung der dazugehörigen existentiellen Basis.

---

2   Wir treffen uns an diesem Punkt mit der – oft als politisches Programm mißverstandenen – Dreigliederungsidee Rudolf Steiners.

Greifen wir, um ein solches Konzept mit einigen Strichen zu umreißen, zu einem Beispiel aus dem Bereich der **Bürgerinitiativen.** Wir wählen es, weil es den Vorteil hat, nicht mit vorgebildeten Traditionen und überkommenen Strukturen belastet zu sein. Wir müssen freilich später fragen, ob das an diesem Beispiel erläuterte Konzept auch auf bestehende Organisationen anwendbar ist, wenn bei diesen die Bereitschaft zu einem entsprechenden Prozeß der Organisationsentwicklung gegeben ist. Aber zunächst unser Beispiel.

Eine Gruppe von Eltern mag unzufrieden sein mit dem, was öffentliche Schulen ihren Kindern als Unterrichtsleistung anbieten. Man braucht die Aktualität einer solchen Ausgangslage nicht näher zu begründen; sie wird oft genug und verzweifelt erfahren. Die Gruppe findet sich durch das Problem, das sie – und jedes einzelne Mitglied in ihr – bewegt. Der Austausch der Problemerfahrung erweitert das Bild der Situation für jedes Gruppenmitglied. Die Kenntnis des Problems fordert alle Beteiligten heraus, nach Lösungen zu suchen. Die pädagogisch Erfahreneren in der Gruppe geben ersten Rat; man lädt pädagogische Kapazitäten ein, um Problem und Lösungswege besser zu überschauen. Wir nehmen an, daß der Elterngruppe so ein pädagogisches Konzept bekannt wird, das sie als ernsthafte Alternative der bisherigen Schule ihrer Kinder betrachtet und das sie nun verwirklicht sehen möchte. In dieser Weise ist vielfach z. B. der Anstoß zur Gründung von Kinderläden oder Kindergärten oder auch von Waldorfschulen entstanden. Man findet heute solche Gründungen in vielen Städten der Bundesrepublik vor.

Vor welchen Aufgaben steht eine solche Gruppe, wenn sie ernsthaft an die Realisierung ihres Zieles, der Gründung einer Freien Schule, herangeht? Welchen Weg kann sie beschreiten? Es sei versucht, die wesentlichen Momente einer solchen Unternehmensbegründung, die wesentlichen Voraussetzungen und Bedingungen ihrer Existenz in folgenden Punkten zu fassen. Sie gelten – mutatis mutandis – grundsätzlich auch für andere Gruppen und Zielsetzungen, auch in der freien Wirtschaft.

1. Aufgabentransparenz – Zielbewußtsein.

   Die Gruppe muß ein deutliches Bild ihrer eigenen Aufgabenstellung, des Zieles haben, auf das sie zugeht. Es muß mehr sein als das euphorische Gefühl, es jetzt einmal besser zu machen als andere. Selbst wenn Ziel und Aufgabe erst im Laufe der Realisierung immer deutlicher bewußt werden und die Bemühung um beides als ein ständiger kreativer Prozeß des Sich-Verständigens stets lebendig bleiben muß, so muß das Ganze doch von Anfang an genügend deutlich in Empfindung und Verständnis der Gruppenmitglieder verankert sein. Nur aus einer solchen inneren Verankerung heraus kann das Unternehmensschiff wieder „auf Kurs" gebracht werden, wenn Seitenwinde und nicht vorhergesehene

Meeresströmungen seine Fahrtrichtung ungewollt beeinflußt haben. Dies ist immer wieder nötig, weil kein Ziel in direktem Kurs angesteuert werden kann; man muß zwischendurch auf Untiefen, Klippen und Windrichtung achten und auch einmal einen Zwischenhafen anlaufen. Aber nie darf dabei das Ziel vergessen werden. An ihm und an dem Weg zu ihm, der zielkonformen „Methode", ist ständig zu arbeiten.

2. Lernbereitschaft – Kraft zur Vorschau.
   Das Sehen einer Aufgabe, das Wissen um ein Ziel bedeutet noch nicht, schon die Fähigkeiten zu haben, das Erforderliche auch zu können. Im Gegenteil: gerade das deutliche Sehen eines Zieles macht uns den Abstand unserer Fähigkeiten, den Abstand des gegebenen Zustandes zu dem angestrebten klar. Wir müssen uns auf den Weg des **Lernens** begeben. Die Lehrer müssen sich auf den auszuübenden Unterricht vorbereiten; sie brauchen ein konkretes Fachwissen, sie brauchen pädagogische Handwerklichkeit, sie müssen das Funktionieren eines nur kollegial vollziehbaren Leistungsprozesses verstehen. Ständig wollen neue Kollegen nach Abschluß eines vorbereitenden Studiums eingeführt werden. Die Elternschaft muß den Unterrichtsprozeß verständig begleiten; ständig wollen neue Eltern darin eingeführt sein. Über dieses hinaus müssen sie sich mit **allen** Lebensbedingungen und Lebensgebieten einer Schule vetraut machen: das Gemeinschaftsleben einer Schule muß sich entfalten, die Eltern müssen auch den sozialen und ökonomischen Lebensraum einer Schule verstehen lernen. Die Lernbereitschaft einer Gruppe, die zu entwickelnde Kraft, langfristige Ziele mit netzplanmäßiger Genauigkeit in zukunftsorientierten Gegenwartsmaßnahmen anzusteuern, entscheidet mit über ihre Entwicklungskraft und Existenzfähigkeit. Jedes existenzfähige Unternehmen ist ein **Lernendes System**.

3. Leistungswille und Tatkraft.
   Aus der Klarheit des Zieles, aus der Fähigkeit zu lernen muß im rechten Moment die konkrete Tat hervorgehen. An einer Schule muß gekonnt unterrichtet werden. Die Zeit des Ausprobierens pädagogisch nicht voll durchschauter Lehrmethoden – z. B. eines Mengenlehreunterrichts auf der Grundschulstufe – ist nun vorbei. Jetzt muß die Schule durch Leistungen überzeugen. Der Unterricht in der Schule soll der Entwicklung menschlicher Fähigkeiten bei den Schülern dienen und nicht dem Fortschritt einer naturwissenschaftlich experimentierenden Wissenschaftsrichtung. Die Auslieferung noch nicht ausgereifter und voll verkehrsfähiger Automobile würde jede Automobilfabrik mit Schadenersatzansprüchen oder gar mit Strafvorschriften konfrontieren; dies muß grundsätzlich auch für die Unterrichtsleistung einer Schule gelten. Jedes Unternehmen muß sein Fach

verstehen; an diesem fachlichen Können und dem Leistungsprozeß der Gruppe müssen alle Gruppenmitglieder sich beteiligen, sich dafür verantwortlich fühlen und sich gegebenenfalls auch dafür verantwortlich machen lassen.

4. Sozialverantwortung – Kraft zur Rückschau.

Mit seinem Leben, mit seinen Leistungen erzeugt jedes Unternehmen einen spezifischen Widerhall in seinem sozialen Umfeld. Es befriedigt einen Bedarf ganz oder teilweise und wird in seinem Leistungsbetrag teils verstanden, teils mißverstanden. Es muß diese Wirkungen in seinem eigenen Interesse auffangen, ein Element des sozialen Hörens entwickeln, sein eigenes Handeln verständlicher machen. Eine Schule muß darauf achten, daß der Unterricht eine tatsächliche Förderung der kindlichen Individualität ist, eine lebendige Antwort und Hilfe auf das Entwicklungsstreben des Schülers. Am besten werden wohl die Eltern diese Wirkungen des Unterrichts beobachten und aussprechen können. Sie müssen **gehört** werden. Anerkennung, und Kritik der Umwelt – ob berechtigt oder unberechtigt – muß von der Schule vernommen werden. Aus diesem Hören, aus dieser Rückkoppelung der Wirkungen aus der Umwelt gehen wichtige Lernanstöße in das soziale System der Schule zurück; aus der Kraft der Selbstprüfung, der Rückschau auf das eigene Wirken folgt gegebenenfalls eine Korrektur von Unterrichtsmaßnahmen, ein genaueres Erfassen des eigenen Zieles, ein besseres Verständlichmachen von Handeln und Ziel. In der industriellen Welt haben wir hier den Aufgabenbereich des „Marketing".

5. Beschaffen und Haushalten.

Wie die Unterrichtsleistung der Schule für die Gesellschaft immer Ausdruck ist von Lebenszeit der Menschen, die sie bewirkt haben, so lebt sie selbst als Unternehmen von den Leistungen der Gesellschaft. Diese können ihr als Schulgeld, als Zuschüsse, als Investitionskredite, als Spenden, Stiftungen oder in ähnlicher Art und Weise zufließen: immer sind auch sie letztlich wieder Ausdruck von Lebenszeit anderer Menschen. Für das Beschaffen der erforderlichen Mittel braucht man eine genaue Kenntnis der gesellschaftlichen Lebensbezüge, aus denen diese Mittel fließen können. Sie können mit den eigenen Leistungen der Schule direkt in der Weise eines Erlöses verknüpft sein, brauchen es aber nicht. Das Unternehmen muß jedoch an dem Funktionieren seiner ökonomischen Lebensbezüge interessiert sein und immer neue aufbauen. Man muß Vertrauen „verdienen", man muß „Kredit" haben. Jedes Mitglied der Gruppe sollte eine möglichst genaue und ihm verständliche Information über diese existentiellen Lebensbezüge erhalten, um sich an der Beschaffung der Mittel zu beteiligen und den sorgsamen Umgang mit ihnen zu erlernen. Gerade eine selbständige

Schule kann ein gesellschaftlicher **Lernort** für das **finanzielle Überschauen** von Unternehmen werden, weil hier eine größere Selbstlosigkeit der Beteiligten angesichts des Dienstes an der heranwachsenden Generation leistbar ist. Die Haltung, als Treuhänder der Gesellschaft an der Lebensgrundlage einer neuen Generation zu arbeiten, stellt sich in einem Schulorganismus noch relativ selbstverständlich ein. Für andere Unternehmen gilt dieser Grundsatz jedoch ebenso.

6. Soziale Formkraft.

Das Leben eines Schulunternehmens funktioniert nur, wenn die Beteiligten dieses Leben unter sich in bestimmte Formen des Umgangs und Handelns prägen können, wenn sie die gerade ihm eigenen Regeln sozialen Verhaltens untereinander zu entwickeln vermögen. Sie müssen sich nicht nur intern in einer klaren Abgrenzung der Kompetenzbereiche – wer unterrichtet welche Klasse in welcher Stunde, wer führt wann die Aufsicht, kurz: wer macht wann was, wer ist wozu legitimiert? – fassen lassen, sie müssen auch dem Außenstehenden, der sozialen Umwelt ein möglichst klares Bild der Gruppe geben, soweit die Umwelt auf ein solches Bild für den Verkehr mit der Gruppe angewiesen ist. Wo muß man Schüler anmelden, wer ist Gesprächspartner der öffentlichen Schulaufsicht, wer kauft ein, mit wem kann man Verträge schließen: dies alles muß für die Umwelt möglichst deutlich sein, wenn sie Vertrauen entwickeln soll. Wer weiß, was er will, der vermag diesem Wollen auch **geformt** Ausdruck zu geben. In der geprägten Form wird die Initiative wie im Widerschein für die Umwelt erkennbar.

7. Zeugniskraft und Koordination.

Der gesellschaftliche Lebensbeitrag eines Unternehmens spricht sich letztlich nicht darin aus, wie groß, wie hoch oder wie tief die Aufgabe ist, mit der man sich befaßt – man kann sich dabei ja auch übernehmen –, nicht darin, wie lange man lernt oder wie sicher man gesellschaftliche Entwicklungen frühzeitig erkennt, er spricht sich vielmehr darin aus, wie fähig die Gruppe ist, die selbstgestellte Aufgabe insgesamt in die Tat umzusetzen, wieweit es ihr gelingt, durch ihr Leben und Handeln ein anschaubares **Lebenszeugnis** zu geben für das, wofür sie angetreten war. Die einzelnen Elemente – Aufgabe, Lernfähigkeit, Tatkraft, Sozialverantwortung, Haushalten, Formkraft – müssen zur unverwechselbaren Identität des Gewollten, zur Übereinstimmung des Unternehmens mit sich selbst zusammenstimmen. Erst in dieser Identität mit sich selbst wird der besondere Beitrag dieses Unternehmens für die Gesellschaft, seine soziale Rechtfertigung, deutlich, wird ein gültiges Zeugnis geleistet für die Aufgabe, um derentwillen man antrat. Die pädagogische Zielsetzung einer Schule verlangt eine adäquate Finanzierung: der Unterrichts- und Beschaffungsprozeß müssen miteinander so in Übereinstimmung stehen, daß kein Kind aus wirtschaftlichen Gründen von seinem Bildungsrecht abgeschnitten wird. Dagegen wird es niemand einer Automobilfabrik verübeln, wenn sie sich zuerst über die Zahlungsfähigkeit eines Kunden vergewissert, ehe sie ein Auto veräußert. Immer muß die Gruppe in allen ihren Handlungen sich selbst treu, mit sich selbst identisch bleiben. Die Harmonisierung obiger sechs Initiativgebiete ist eine Aufgabe, ein oberster Führungsbeitrag zum Gelingen des Ganzen.

Diese sechs Aufgaben und als siebtes deren **Koordination** muß eine Gruppe bewältigen, wenn sie als lebensfähiges Unternehmen existent bleiben und ihr Ziel erreichen will. Dies wird ihr um so besser gelingen, je mehr sie in der Lage ist, möglichst alle Gruppenglieder an **allen** Lebensbereichen, an allen Initiativgebieten teilhaben zu lassen. Denn die von der Gruppe als Ganzes zu leistenden obengenannten Aufgaben stellen ja zugleich die Voraussetzungen und Erfordernisse **unternehmerischen Wirkens** überhaupt dar. Ist die Gruppe so verfaßt, daß sie niemand von Anteilnahme und Mitvollzug ausschließt, so bietet sie ihren Mitgliedern selbst individuelle Entwicklungsmöglichkeiten im Mitwirken und Mitvollziehen an, die ihrerseits die Beteiligung aller Mitglieder motiviert und anspornt, weil dieses persönliche Entwicklungsbedürfnis vielleicht die entscheidendste Antriebskraft menschlichen Handelns ist. In der Selbstüberwindung des Dienstes an anderen Menschen liegt der wahre Weg zum eigenen Sein der Individualität, zu der oft geforderten Selbstverwirklichung des Menschen.

Diese Art der Anteilnahme ist aber zunächst von der Größe einer Gruppe abhängig. Die Kapazität des Überschauens der menschlichen Lage einer Gruppe erschöpft sich für das einzelne Mitglied relativ schnell, in der Regel bei einer Gruppengröße von 10 bis 14 Mitgliedern. Unsere Gesellschaft verlangt jedoch größere Organismen für die Mehrzahl der Aufgaben, die sie stellt. Jetzt muß durch das Element der konstituierten **Führung** ergänzt werden, was als Folge des Größenwachstums an unmittelbarer Überschaubarkeit, an direkter Aufgabenkonfrontation für den einzelnen in der Gruppe verlorenging. Die Gruppe muß **Organe** bilden, die als organisatorisches Strukturelement die verlorengegangene Überschau wieder neu für die Gruppe erschließen helfen.

Was bedeutet **Führung** in dieser Lage? Das Größenwachstum brachte eine Verunsicherung der Gruppe durch ungenügende Überschau. Sich überschneidende Aktivitäten einerseits, mangelnde Aktivität an anderen Stellen andererseits haben sie herbeigeführt. Den Initiativen der einzelnen Gruppenglieder fehlt ein angemessenes „feed-back", das motivierende Erfolgserlebnis, die akzeptable Kritik. In dieser Ermüdungsphase der Gruppenentwicklung kann leicht die Suche nach dem starken

Mann entstehen, der als Einzelner diese Überschau hat oder zu haben vorgibt, sie für einen Großteil der Gruppe zumindest repräsentiert. Er soll als Über-Ich die Unsicherheit der Gruppe ausgleichen, Sicherheit und Vertrauenswürdigkeit ausstrahlen, ohne die Wurzel der Unsicherheit wirklich zu beseitigen; denn es muß ja – so scheint es dann oft – „schnell" gehen, man will ja „voran" kommen und keine „Zeit verlieren". Man ist bereit, sein menschliches Erstgeburtsrecht an Führungsfähigkeit und Führungsbeteiligung – wie oft geschehen – gegen das Linsengericht der „Rettung des Vaterlandes", der Erzielung eines objektiven „Erfolges" zu verkaufen. So ein Linsengericht wird manchem jetzt sehr schmackhaft sein – aber nicht jeder verträgt es, vor allem nicht als Dauerkost. Anstatt die Führung in einer solchen Gruppenkrise wieder in alter Form einem „starken Mann" anzuvertrauen, kann die Gruppe auch einen schwereren, aber menschlicheren Weg finden. Denn bei rechter Besinnung auf die vorhandenen Führungsfähigkeiten, auf die gemeinsam erreichbare Stufe der notwendigen Überschau wird man in aller Regel feststellen, daß in den vorhandenen Mitgliedern der Gruppe genügend Fähigkeit zu Überschau und Führung latent vorhanden ist.

Die Gruppe ist – wie ein schlafender Riese – ihrer eigenen Kraft nicht genügend bewußt. Diese Kraft ist vorhanden, jedoch über die Gruppe **verteilt,** nicht in einem einzelnen Menschen versammelt. Der eine besitzt Sammlung und Ruhe – er kann die Aufgabe deutlich und bewußt erfassen; vielleicht ist Tatkraft nicht seine Stärke. Ein anderer hat diese, aber sie schlägt ihm zu leicht in Geschäftigkeit um, seine Kraft des sozialen Hörens kann zu wenig entwickelt sein. Ein drittes Mitglied der Gruppe ist vielleicht ein Talent im Beschaffen und im geschickten und sorgsamen Umgang mit den Existenzmitteln; er ist ein Gegenwartsmensch und mag es schwerer haben, in der Zukunft liegende Herausforderungen konzeptuell zur Gegenwart in Beziehung zu setzen. Und so findet man, wenn man nur genau genug hinschaut, wenn man nur phantasievoll genug menschliche Entwicklungen vorherdenken kann, manche schlummernde Begabung und Fähigkeit dornröschenartig hinter der alles überwuchernden Dornenhecke menschlicher Lebens- und Leidenserfahrung verborgen, aber auf Entdeckung und Ansprache wartend.

Solche Begabungen kann man in der Gruppe zutage fördern, wenn man in einer Art gruppendynamischer Übungssituation die vielerprobte Fähigkeit zur gegenseitigen Kritik einmal dazu benutzt, Menschen in einer Gruppe ausnahmsweise nur die positive Seite der Fähigkeiten anderer Gruppenmitglieder schildern und bewußt machen zu lassen. Man erhält dabei oft wesentliche Fingerzeige auf verborgene Qualitäten, deren Ansprechen den Träger dieser Fähigkeiten ermutigt, sie für die Gruppe einzusetzen, „in Dienst" zu stellen. Eine solche Herausforderung kann zuweilen Wunder wirken; von ihr geht Kraft und Motivation zur Entfaltung dieser Fähigkeiten im Dienst der Gruppe aus; die Motivation durch eine geldliche „Honorierung" ist wahrscheinlich ihre schwächste Form, deren Wirksamkeit durch den mit ihr verbundenen Geschmack von Ausnutzung oder gar Ausbeutung stark gelitten hat.

Gelingt es der Gruppe, im Zuge des notwendigen Wachstums zugleich die latenten Fähigkeiten der Gruppenmitglieder zu aktivieren und einzusetzen, so ist es möglich, daß sie ohne hierarchische Weisungsstrukturen das Größenwachstum bewältigt, indem die jeweils für einzelne oder für mehrere der obengenannten Lebens- und Initiativgebiete der Gruppe in den Gruppenmitgliedern vorhandenen Fähigkeiten von Überschau und Koordination eingesetzt werden. Denn wir gehen ja nach wie vor davon aus, daß der Gruppe ihr Ziel – in unserem Beispiel die Erziehungsaufgabe einer Freien Schule – unverändert am Herzen liegt und jeder bereit ist, sich aus eigenem Wollen an der Erreichung des notwendigen Zieles zu beteiligen. Es ist nur objektiv schwieriger geworden, seinen speziellen Part im Ganzen, den persönlichen Ansatzpunkt zu finden.

In dieser Lage ist nun jeder dankbar, wenn ihm der Nachbar helfen kann, diesen individuellen Ansatzpunkt tatsächlich zu finden. Das ist keine Weisung und wird auch nicht so verstanden. Die Führung geschieht dadurch, daß man auf Notwendigkeiten hingewiesen und gefragt wird, ob man zur Lösung beitragen kann und will. **Führung** ist **Kraft zur Überschau,** zur **Imagination der Zukunft** geworden und wird als **Hilfe** geboten. Sie ist wegweisend für den, der den Weg selbst sucht, sich selbst auf den Weg gemacht hat. Führung ist in der modernen, Entwicklung und Selbstverwirklichung fordernden Gesellschaft, **Hilfe, nicht Macht.** Die Legitimation des Führenden ist seine größere Kraft zur Überschau, seine Bereitschaft zur Hilfe, seine Anerkennung durch die Gruppe. Führung muß aus der Gruppe heraus legitimiert werden, nicht aus Gegebenheiten, die nicht in menschlichen Fähigkeiten unmittelbar begründet sind, wie mitgebrachtes Vermögen oder obrigkeitliche Dekrete aller Art. Führung kann, vom Unternehmen aus gesehen, nicht **fremdlegitimiert** sein. Sie muß aus der Gruppe selbst heraus im Wege der Anerkennung kommen von denen, die Führung für sich erfragen.

Von Größe und Aufgabe der Gruppe abhängig muß Führung im Unternehmen nun auch bereichsweise manifest werden können. Unbeschadet des Grundsatzes, daß die Führungslegitimation aus der Gruppe selbst kommen muß, bedarf sie einer an der Aufgabe zu messenden Kontinuität. Aus der spontanen Situation der ständig wechselnden Führung in der Kleingruppe muß eine **konstante Organisation** erwachsen können. So werden Führungsaufgaben auf Zeit vergeben, weil man im Rennen nicht dauernd die Pferde wechseln kann. Ist das Rennen gelaufen, so kann freilich neu entschieden werden.

Organe sollten aber nicht willkürlich, sondern als Manifestationen funktionaler Prozesse gebildet werden. Solche funktional-sozialen Initiativprozesse sind z. B. in den obengenannten sechs Prozessen und ihrer Koordination gegeben. So kann sich im Rahmen eines Schulunternehmens aus jedem der Prozesse heraus ein **Organ** als Führungsinstrument der im Unternehmen manifest werdenden Gruppenaufgabe bilden. Dies kann „idealtypisch" aber keineswegs notwendig oder zwingend in unserem Beispielsfall der Freien Schule so aussehen:

1. Eine Art **Ältestenrat** (Senat, Schiedsstelle) als Organ des Zielfindungsprozesses kann die Aufgabe haben, den Prozeß der Aufgabenklärung und Zielfindung in der Gruppe lebendig und sichtbar für alle zu machen, das Organ ist damit „Anlaufstelle" aller hierher gehörigen Fragen und Probleme. Es hat die Sorge dafür zu tragen, **daß** die auftretenden Fragen geklärt werden, es muß dies nicht unbedingt selber tun. Es kann auch berufen sein, bei Meinungsverschiedenheiten über den Kurs des Ganzen ein Urteil darüber zu haben, ob eine bestimmte Initiative noch in die Gruppe paßt oder nicht. Es soll Initiativen nicht verbieten, kann aber z. B. feststellen, daß sie nicht in die Schule gehören. Das Organ hat also positiv Grundsatzfragen der Klärung zuzuführen und abgrenzend zu urteilen, wenn Kursverletzungen vorliegen, wieder auszurichten, wenn ein Konflikt lösbar erscheint; man kann hier durchaus eine Gerichtsfunktion sehen. Viele Unternehmen besitzen ein solches Organ latent in diesem Sinne als Schiedsgerichtsvereinbarung; das ist wenig, aber mehr als nichts.

2. Eine sachgerechte Bezeichnung für die Lernprozesse des Unternehmens zu finden, fällt nicht leicht: **„Ausbildungsritt"** ist zu eng, **„Innere Führung"** zu militärisch – aber hier liegt's. Es muß dafür gesorgt werden, daß das Unternehmen immer ein lernendes System bleibt, daß die erforderlichen Lernprozesse genügend angeregt werden, daß die Zukunftsaufgaben rechtzeitig in menschlichen Fähigkeiten in der Gruppe veranlagt werden. Planung und Organisationsentwicklung können hier verantwortet werden.

3. Den eigentlichen Unterrichtsprozeß als Leistungsgegenstand dieses Unternehmens wird ein Organ der Lehrenden verantworten: das **Kollegium**, die Konferenz. Es ist vielleicht das verständlichste Organ einer Schule, weil seine Aufgabe und die von ihm verantwortete Leistung direkt sichtbar werden. Selbstverständlich sind Lehrer nicht auf dieses Organ beschränkt; im Gegenteil: sie sollten in allen anderen Organen der Schule immer mitwirken. Es ist eher umgekehrt so, daß ihnen dieses Organ speziell vorbehalten ist, weil sie hierfür naturgemäß die erforderlichen Voraussetzungen mitbringen. In allen anderen Prozessen wirken sie ja sowieso ständig mit; wieweit sie in diesen anderen Prozessen Führungsfunktionen wahrnehmen, läßt sich nicht theoretisch festlegen. Die Verantwor-

tung für den Unterrichtsprozeß kann ihnen jedoch niemand abnehmen. Trotzdem sollte gerade dieses Organ so wirken, daß es alle an der Schule Beteiligten zur Mitwirkung aufruft. Ein großer Teil der Erziehungsarbeit wird ja nach wie vor vom Elternhaus geleistet; und z. B. der Hausmeister oder die Mitarbeiter der Schulverwaltung sind für die Schüler pädagogisch wichtige Persönlichkeiten, weil sie diese als tätige Menschen erleben – im Gegensatz vielleicht zu einem gelegentlich Ansprachen haltenden Direktor oder Schulvorstand. In industriellen Gruppen finden wir hier das Organ der eigentlichen Produktionsverantwortung, der technischen Leitung.

4. Von besonderer Bedeutung wird gerade in unseren Tagen ein Organ der sozialen Rückspiegelung, der Sozialverantwortung. Hier wird der richtige Platz für die Vertretung der Eltern- und Schülerschaft einer Schule gesucht werden können; es ist aber durchaus auch der Ort, wo die mit der Schule verbundene Öffentlichkeit vertreten sein kann. Denn für die Schule – als Gemeinschaft aller Beteiligten und Betroffenen verstanden – kommt es darauf an, ein möglichst deutliches Bild ihrer eigenen sozialen Wirkung zu erfahren, den Reflex dieser Wirkung zu vernehmen. Diejenigen, die dies unmittelbar erleben, sollten es aus diesem Kontext heraus direkt aussprechen. Dies veranlaßt Initiativanstöße und erzeugt das Vertrauen in der Schulgemeinde, daß alle berechtigten Belange gehört, verstanden und – soweit möglich – berücksichtigt werden. Wenn man ein solches Organ **Elternrat**, Eltern- und/oder Schülervertretung – oder wie immer – nennt, so muß besonders hier deutlich darauf geachtet werden, daß gerade dieses Organ nicht Ausdruck eines partiellen „Blockdenkens", eines bloß „additiven" Gruppenverständnisses werden darf – eine Gefahr, die unsere neuzeitliche Demokratisierungseuphorie leicht als gruppenzerstörendes Fehlergebnis heraufbeschwört. Dieses Organ des „feed-back"-Prozesses ist nicht einer bestimmten Teilgruppe – den Eltern, Schülern usw. – zugeordnet, sondern wie alle anderen Prozesse und Organe dem **Ganzen**. Es darf an dieser Stelle weder eine „Klagemauer" für Unbefriedigte, noch eine „Hilfs- oder Nebendirektion" für Unausgelastete entstehen. Diese Gefahr wird von manchen Schul- oder Unternehmensrechtdemokraten übersehen, die über ein unzureichendes, nur additives Gruppenverständnis nicht hinauskommen. In industriellen Unternehmen wird man hier das Organ der Marketing- und Absatzverantwortung suchen müssen.

5. Von gleicher Bedeutung wie das eben genannte ist ein Organ des Beschaffungs- und Haushaltungsprozesses, das man z. B. **Verwaltungsrat** nennen kann. Ihm obliegt es, die Transparenz der ökonomisch-existentiellen Lebensbezüge ständig für die Gesamtgruppe bewußt zu halten, die ökonomische Situation des Unter-

nehmens für die gesellschaftliche Umwelt – die Stadt, das Land, die Eltern und Freunde – deutlich zu machen. Jede Mittelverwendung bedeutet Einsetzen von Lebenszeit anderer Menschen – ist dies allen Beteiligten noch ausreichend bewußt? Wird mit den Mitteln sachgerecht und sparsam umgegangen? Macht sich Verschwendung aus Gedankenlosigkeit breit? Neue Mittel für neue Vorhaben werden nur gefunden, wenn die vorhandenen Mittel mit größter ökonomischer Wachsamkeit, mit größter Effizienz eingesetzt und verwaltet werden. Es geht gerade hier nicht um Äußerlichkeiten oder Zahlenspiele, sondern um den sachgerechten Bezug zu den Lebensgrundlagen, der nur aus der ständig erneuerten Überschau heraus erhalten wird und erhalten bleibt. Im industriellen Bereich haben wir hier den Bereich der kaufmännischen Gesamtverantwortung.

6. Oberstes Organ aller Formgebungsprozesse wird die Mitgliederversammlung, Gesellschafter- oder **Hauptversammlung** sein. Sie ist aus der Vergangenheit mit manchem negativen Mißverständnis belastet, weil sie oft – z. B. bei Kapitalgesellschaften – als letztes Machtmittel des Eigentümer-Unternehmers gesehen wird. Wem eine Sache „gehört", der trägt schließlich alles „Risiko", der soll auch das Sagen haben, so findet man. Gerade diese formale Überforderung und Überschätzung hat zur bemitleidenswerten Rolle des „Kleinaktionärs" geführt, der letztlich von den Machtausübenden als „dumm und frech" charakterisiert wurde (Bankier von Fürstenberg). Was kann eine Hauptversammlung leisten? Sie kann letztlich den unternehmerischen Initiativen der Gruppe entweder die Legitimation für ihr Handeln geben oder verweigern. Sie kann feststellen, daß sich die ausübende Initiative mit dem Gruppenwillen in Übereinstimmung befindet oder sich ganz oder bereichsweise von dieser Vertrauensgrundlage entfernt hat. Dies kommt deutlich darin zum Ausdruck, daß ihr das satzungsformende, satzunggebende Recht vorbehalten ist. Für Initiativbildung, Willensbildung ist in der Hauptversammlung nicht der Ort. Wo man dies von ihr verlangt, bietet sie entweder das Bild einer glatt gelungenen, jedoch initiativ-lähmenden, manipulierten „Schau" oder das eines pseudodemokratischen, handlungsunfähigen oder bestenfalls Zufallsentscheidungen treffenden Nebenorgans, das von einem freundlichen, aber verdeckten Zynismus der Manager dirigiert wird. Seine formale Omnipotenz hat die Qualität eines Papiertigers. Seine gruppenintegrierte, positive Rolle kann jedoch die einer Legitimationsbestätigung oder -kontrolle sein. Sie kann die Handelnden „entlasten" und ihnen durch das ausgesprochene Vertrauen die Basis der Wirksamkeit für die Zukunft zusprechen.

7. Das Organ des Koordinierungs- und Harmonisierungsprozesses hat die Aufgabe, die Initiativen der einzelnen Mitglieder und Organe zu koordinieren und die Schule als Ganzes gegenüber der Umwelt zu vertreten, für sie zu sprechen. Man

kann dies Organ als **Vorstand** der Schule, als beschließende Konferenz, als Unternehmensleitung bezeichnen. Neben der Hauptfunktion, die jeweils aktuellen Aufgaben deutlich zu machen und sie innerhalb der sich aus der Sache ergebenden Fristen konkreten Lösungen zuzuführen, werden von diesem Organ auch alle Aufgaben wahrzunehmen sein, für die sich noch kein spezielles Organ herausgebildet hat. Hier muß ja dafür gesorgt werden, daß alle notwendigen Belange auch ihr Recht erhalten. Es darf nichts begonnen werden, für das Kräfte und Mittel noch nicht ausreichen; auf der anderen Seite darf das zu erreichen Mögliche nicht an mangelnder Koordination, an gedankenloser Inhomogenität der Initiativen scheitern. Ausgewogenheit der Kräfte im Innern und ihre Konzentration auf die entscheidenden und aktuellen Aufgaben: dadurch entfaltet sich das Leben der Gruppe auch kraftvoll nach außen. Die Sorge dafür hat die Unternehmensleitung zu tragen.

Das wesentliche Moment dieser Organauffassung liegt darin, daß man davon ausgeht, daß die ein Unternehmen **tragende Initiative** nicht an der **Spitze,** sondern an der **Basis** gesucht werden muß. Infolgedessen sind die Organe nicht die Quellpunkte der Initiative. Diese geht nicht von ihnen, sondern vom einzelnen mitwirkenden Menschen aus. Die Organe haben vielmehr eine Art **Widerlagerfunktion.** Sie schaffen Bewußtsein und Überschau und haben die Sorge dafür übernommen, daß die Initiative im einzelnen Mitarbeiter und Mitglied immer aufs Neue angeregt wird, daß niemand die Flinte ins Korn wirft, weil er den Überblick verloren hat und nicht weiß, wo er persönlich ansetzen soll. In modernen Unternehmen wird nicht mehr durch Weisung geführt werden – eine Haltung, die dem Berater bekannt und von ihm oft geübt ist, weil er in Unternehmen oft nur auf dem Wege der Überzeugung, nicht auf dem der Weisung, führend eingreifen kann.

Ist nun, was wir uns am Beispiel einer Bürgerinitiative – der Konstituierung einer Freien Schule – deutlich machen konnten übertragbar und anwendbar auf industrielle Verhältnisse und Unternehmen? Grundsätzlich schon, wenn es sich auch nicht um ein Patentrezept handelt. Man muß immer zuerst eine sorgfältige Analyse des Istzustandes, der Führungsfähigkeit der Unternehmensleitung einerseits und der Führungserwartung der Mitarbeiter andererseits machen. Das aufgezeigte Führungskonzept ist denkbar und das Denkbare ist grundsätzlich machbar. Es ist eine Sollvorgabe von der Zukunft her gesehen. Ohne Ziel, ohne „Soll" gibt es keinen Weg; der Weg kann aber sehr verschieden lang sein und die Kraft, ihn zu begehen, ist ebenfalls unterschiedlich entwickelt; sie ist aber grundsätzlich entwicklungsfähig. Wir finden in der Praxis im allgemeinen Unternehmen mit hierarchischen Weisungsstrukturen vor. Sie werden in manchen Fällen von Patriarchen alter Schule geführt, die ihre Ziele – und sie identifizieren ihre Ziele ja meist naiv mit dem Unternehmensziel – im „Fingerspitzengefühl" haben. Dies heißt zumeist, daß sie einer bewußtseinsmäßigen Objektivierung kaum fähig sind. Ihre persönliche Kraft reicht in der Regel zu einer Änderung des Führungsstils nicht aus. Man sollte sie mit neuen Konzepten verschonen und ihnen rechtzeitig raten, sich von ihren Unternehmen zu trennen. Letzteres ist im Guten und Bösen auf sie persönlich zugeschnitten. Im Generationenübergang, bei einem Eigentümerwechsel, bei erheblicher Expansion eines Unternehmens wird ein Wandel des Führungsstils aber u. U. notwendig sein, weil der nachfolgenden Generation das Führungscharisma des Patriarchen fehlt, weil ein größerer wirtschaftlicher oder organisatorischer Zusammenhang ein neues Führungsverhalten erzwingt.

Jetzt wird „umorganisiert" – wie oft haben wir dies erlebt, wie oft hat es veranlagte Fehler vergrößert, anstatt sie zu beseitigen. Neue Organisationsformen dürfen nicht von unternehmensfremden Spezialisten allein erdacht und eingeführt werden. Denn in Wirklichkeit geht es um neue Lebensformen, um **Verhaltensänderungen** bei den beteiligten Menschen, um sehr persönliche Entwicklungsprozesse. Jedes Unternehmen muß heute nach seinem positiven Beitrag zur gesellschaftlichen Entwicklung gefragt werden. Dieser Beitrag besteht einmal in der konkreten Leistung dieses Unternehmens für die Gesellschaft, in dem **Was** seines Leistens. Man braucht Automobile für die verschiedensten Zwecke; sie müssen leistungsfähig und wirtschaftlich sein. Darüber hinaus muß das Automobile-produzierende Unternehmen aber auch als gesellschaftlicher Lern- und Lebensort Positives leisten. Die Mitarbeiter bringen dort einen wesentlichen Teil ihres Lebens zu. Es muß ihnen in der gestellten Aufgabe, in der geforderten Leistung zugleich eine Chance in ihrer persönlichen Entwicklung, auf ihrem Weg zur Selbstverwirklichung geben. Es muß einen Prozeß der **Organisationsentwicklung,** der Umgestaltung auch des **Wie** der Arbeitswelt hin zu dieser **zweiten Dimension** des **Dienstes an der Gesellschaft** und damit zur sozialen Verankerung des Lebensrechtes von Unternehmen in ihr geben.

Ein Konzept für Weg und Ziel von Unternehmen in der Gesellschaft sollte hier in einer Skizze gezeichnet werden. In Bürgerinitiativen der Gegenwart und in ihrem Willen zur Selbstorganisation als Gruppe kann manches deutlicher werden von Weg und Ziel auch anderer Unternehmen. Sie haben keine überkommenen Weisungsstrukturen, ihre Mitglieder werden aus persönlichem Kontakt zur Aufgabe initiativ, sie wollen an der ganzen Lebensform der Gruppe mitgestalten, d. h. in der Weise des Unternehmers gemeinsam tätig werden. Denn letztlich ist doch der unter selbstgewählter Aufgabenstellung selbständig tätig werdende **Unternehmer** ein **Leitbild** der Menschen für ihre eigene Zukunft. Sie suchen Gruppen, die ihnen durch ihren neuen Führungsstil, durch ihre neue Führungsstruktur diesen menschlichen, Entwicklung fordernden Zugang zum Unternehmertum öffnen. Die alte Weisungsstruktur verschloß diesen Weg für Viele und erhielt ihn für Wenige. Die neue Form der Selbstkonstitution der Gruppe, in der die Gruppe sich zunehmend selbst bestimmt, kein fremdbestimmtes System mehr ist, kann dieses Tor zur Selbstverwirklichung in der Arbeitswelt neu öffnen. Eine von unten nach oben legitimierte Führung wird die unternehmerischen Qualitäten in allen Menschen ansprechen und entwickeln können. Sie wird zugleich – und darauf kann hier nicht weiter eingegangen werden – für das heute oft falsch gestellte Problem der Leistungsentlohnung, Gewinnbeteiligung und Einkommensbildung neue Formen und Wege finden, weil das Zweiklassen-Denken von „Arbeitnehmer" und „Arbeitgeber" der Sache nicht mehr gerecht wird.

Führung ohne Hierarchie? – die Frage stellt sich am Ende anders. Wir haben eingangs Weisungsstruktur von oben nach unten zu einfach als Führungshierarchie verstanden. Diese Form ist sicher überlebt. Es zeigt sich aber eine neue, von unten nach oben sich aufbauende **Hierarchie** der Sache. Führung im neuen Sinne ist Hilfe in der Bewußtseinsbildung und Koordination von Initiativen. Wer größere Aufgaben sieht, kann in umfassenderen Sinne führen, ohne in alter Art befehlen zu müssen. Gesamtziele umfassen Zwischenziele und Teilziele – daran hat sich nichts geändert. In den Entwicklungschancen des Weges dorthin ändert sich aber für den einzelnen Menschen sehr viel, wenn an die Stelle der alten **Weisungshierarchie** die **Anerkennungshierarchie** tritt. Sie macht niemanden unfrei, der die Spitze noch nicht erklommen hat, weil Führung in jeder konkreten Situation anderes erfordert und weil aus der Sache heraus immer derjenige führt, der gerade jetzt und hier einen helfenden Beitrag zu geben hat. Die Führung kann wechseln nach den sechs oder sieben wesentlichen Initiativgebieten, nach den angesprochenen Lebensfunktionen des Unternehmens. Führung ist zugleich Dominanz auf Zeit, Dominanz aus größerer Fähigkeit. Sie muß den Geruch der Macht abstreifen lernen und zu einer dienenden Kraft werden. Wer sie nur in alter Art denken kann, wird versuchen, die Macht zu demokratisieren. Damit ist im Ergebnis nicht geholfen, weil Führung dann nicht zu einer menschliche Entwicklungswege aufschließenden Kraft wird; sie wird zwar kleingehalten, aber ihr wird auch die Wandlung verwehrt. Aber gerade in Wandlung und Metamorphose vollzieht sich alles menschliche Werden. Zu ihm muß Führung ein Beitrag sein; sie ist eine vor allem kulturell zu sehende Leistung für die Existenz der menschlichen Gesellschaft.

SALVATORE LAVECCHIA

Vertrauen in die Ich-Geburt
Führung in Sokrates' Horizont

I

Ein geistleerer Normierungswahn möchte sich in allen Bereichen durchsetzen. Seine herzenslose, lebenszerstörende Macht betrübt und verdunkelt das warme Licht der bedingungslos offenen Begegnung zwischen Menschen, die in der heutigen Zeit als Grundlage aller authentisch produktiven Tätigkeit wahrgenommen werden möchte. Vertrauen bildet die Substanz jener Begegnung. Im Vertrauen wesend und vom Vertrauen ernährt, wird jene Begegnung zu einem gegenseitigen, grenzenlosen Schenken. Dies kann in allen Gebieten eine reale Gemeinschaft bilden, die für alle Teilnehmende zu einem Pfad der schöpferischen Verwandlung wird.

Kann heute eine Form von Führung sich noch wirklich – wäre es auch rein finanziell/wirtschaftlich – als produktiv erweisen, die nicht die soeben angedeutete Begegnung als Ziel haben möchte? In anderen Worten: Kann heute eine Führung, die das Normierende – gleichgültig in welchem Sinne verstanden und gestaltet – als ihren wesenhaften Aspekt betrachtet, noch Sinn bilden?

Sokrates' "Führungsstil" ins Zentrum der Aufmerksamkeit stellend, möchten die folgenden – bewusst skizzenhaft-fragmentarischen – Beobachtungen auf Möglichkeiten der Führung hinweisen, die eine Alternative zur heute immer mehr allgegenwärtigen Normierung bieten könnten. Dabei soll ein Führungsideal hervorgehoben werden, das die führende Person nicht als *Zentrum* des Führungsprozesses betrachtet, sondern als *Organ* einer aktiven, schöpferischen Wahrnehmung versteht, die sowohl dem einmalig Individuellen der jeweiligen Führungssituation als auch dem Ich der geführten Person(en) zur bedingungslosen Offenbarung verhilft. Es geht, in summa, um ein Führungsideal, wo die führende Person jenseits des Gegensatzes von Zentrum und Umkreis, von Ich und Welt handelt, stets das lebendige Ganze organisch wahrnehmend, das die Führungssituation bzw. der Führungskontext zusammen mit der/den geführten Person(en) bildet. Wobei jenes Ganze nicht als Gesetz, das die eigenen Bestandteile mehr oder weniger mechanisch vorherbestimmt, sondern eben als Organismus wahrgenommen werden will, der in der jeweiligen Führungssituation, durch die Ich-Tätigkeit der führenden und der geführten Personen, wie eine *Schöpfung aus dem Nichts* gleichsam *neu geboren* wird.

II

Die einzige Quelle – Platons Dialog *Theaitetos* –, die Sokrates' Führungskunst explizit charakterisiert, hebt gerade das Sich-Ereignen einer *Geburt* als Wesen und Ziel der Führungstätigkeit hervor, die Sokrates übt. Sokrates charakterisiert sich dort nämlich als *Hebamme*, die durch die eigene Führung die *Geburt* der Wahrheit bzw. der wahren Erkenntnis – der *sophía* – in der Seele der Gesprächspartner/innen bewirken soll (Platon, *Theaitetos* 148e-151d3[1]).

Interessanterweise bezeichnet Sokrates als notwendige Voraussetzung der eigenen Hebammen-Tätigkeit die Tatsache, dass er von sich aus keine Erkenntnis, keine *sophía* gebären kann (ebd. 150c4-7, c8-d2): Der Gott Apollon, der ihn beauftragt

---

1   Die Zitate aus Platons Werken orientieren sich – wie in allen wissenschaftlichen Publikationen, Übersetzungen und kritischen Ausgaben – nach der sogenannten Stephanus-Paginierung, die auf der durch Henricus Stephanus (Henri Estienne) im Jahr 1578 veröffentlichten Platon-Ausgabe basiert. Für eine erste Einführung zu dieser Passage von Platons *Theaitetos* sowie zu dessen Kontext vgl. D. Sedley, *The Midwife of Platonism. Text and Subtext in Plato's Theaetetus*, Oxford University Press, Oxford-New York 2004. Inwiefern der Sokrates, den Platon in seinen Dialogen inszeniert, dem historischen Sokrates entspricht, kann nicht eindeutig festgestellt werden. Die ausgewogensten Positionen der Forschung in diesem Bereich gehen allerdings davon aus, dass Platons Schriften keine einseitige Dichotomie zwischen einem *sokratischen* Sokrates und einem *platonischen* Sokrates erlauben, die aus dem platonischen Sokrates ein verfälschtes Bild des Sokrates macht. Siehe diesbezüglich die mustergültigen Ausführungen in Ch. H. Kahn, *Did Plato Write Socratic Dialogues?*, Classical Quarterly 31 (1981), 305-320, sowie Sedley, ebd., 8-13, 28, 81, 86, wo zurecht ausgehend vom *Theaitetos* die geistige Kontinuität zwischen dem historischen und Platons Sokrates hervorgehoben wird. Sehr ausgewogene Ausführungen zum Umgang mit den Quellen zu Sokrates' Denken befinden sich in M. Bandini-L. A. Dorion, *Xénophon Mémorables I*, Les Belles Lettres, Paris 2000, XCIX-CXVIII. Für eine allgemeine Einführung zu den Hauptmotiven von Sokrates' Philosophie siehe, unter den neueren Publikationen in deutscher Sprache – stets mit Hinweis auf die neueste Ausgabe zitiert –, E. Martens, *Sokrates. Eine Einführung*, Reclam, Stuttgart 2004; G. Figal, *Sokrates*, C.H.Beck, München 2006; R. Altrichter-E. Ehrensperger, *Sokrates*, UTB, Stuttgart 2010; Ch. Kniest, *Sokrates zur Einführung*, Junius Verlag, Hamburg 2012. Unter den neueren Publikationen in anderen Sprachen vgl. S. Ahbel Rappe-R. Kamtekar (hrsgg.), *A Companion to Socrates*, John Wiley & Sons, London 2009; D. R. Morrison (hrsg.), *The Cambridge Companion to Socrates*, Cambridge University Press, Cambridge 2011, sowie A. Stavru, *Socrate e la cura dell'anima*, Christian Marinotti Edizioni, Milano 2009. Einen guten Überblick der verschiedenen Positionen, die in der Platon-Forschung betreffend das Verhältnis von Platons Philosophie zu Sokrates sowie Platons Werk und Denken im Allgemeinen vertreten werden, enthalten die zwei folgenden ausführlichen Nachschlagewerke: M. Erler, *Platon*, in *Grundriss der Geschichte der Philosophie: Die Philosophie der Antike*, begründet von F. Ueberweg, hrsg. von H. Flashar, Bd. 2/2, Schwabe, Basel 2007; Ch. Horn-J. Müller-J. Söder (hrsgg.), *Platon-Handbuch. Leben-Werk-Wirkung*, J.B. Metzler, Stuttgart-Weimar 2009.

hat, hindert ihn daran, durch die eigene Seele Erkenntnis zu gebären (150c7-8)! Diejenigen, die durch die Begegnung mit Sokrates die wahre Erkenntnis gebären, *lernen tatsächlich nichts* von Sokrates (150c5-6, d1-2 und 6-7); Sokrates ist – als Mitwirkender des Gottes – lediglich Geburtshelfer für ihre Seelen, die *selber* etwas zur Geburt führen, das in ihnen enthalten ist (150d7-e1).

Die gerade skizzierte Konstellation klingt zunächst ziemlich paradox, um nicht zu sagen absurd: Wie kann Sokrates jene Fähigkeit der Unterscheidung von Wahrheit und Unwahrheit besitzen, die Sinn und Substanz seiner Führungs- bzw. Hebammenkunst darstellt (ebd. 150b2-3 und c1-3, 151d2-3), wenn er sich als der *Nicht-Wissende* schlechthin charakterisiert? Wie kann er, anders gesagt, wahrnehmen, ob die Seelen, die er durch das Gespräch führt, wahre Erkenntnis gebären, wenn er keine Erkenntnis gebären darf? Was will sein Nicht-Wissen überhaupt bedeuten? Bedeutet es vielleicht, dass Sokrates *nie* wahre Erkenntnis bzw. *sophía* zu gebären fähig war?

III

Um Sokrates' Nicht-Wissen konstruktiv zu verstehen, müssen wir auf die Signale ernsthaft achten, die uns Platon geben will, indem er Sokrates' Tätigkeit als *Hebammen*kunst betrachtet[2]. Die Hebammen – so erzählt uns Sokrates in Platons *Theaitetos* – sind nämlich diejenigen Frauen, die deswegen als Geburtshelferinnen von der Göttin Artemis – die Göttin, die den Geburten vorsteht – gewählt werden, weil sie *geboren haben*, obwohl sie jetzt wegen ihrem Alter nicht mehr gebären können (Platon, *Theaitetos* 149b5-c1). Anders gesagt, Hebammen, Geburtshelferinnen dürfen keine *unfruchtbaren* Frauen, sondern nur Frauen sein, die in der Geburt *erfahren* sind – die *selber* geboren haben –, denn die Natur der Menschen ist zu schwach, um Kunstfertigkeit in einem Gebiet zu erlangen, wo sie keine Erfahrung hat (ebd. 149c1-2).

Wenn Sokrates' Tätigkeit als analog zur Tätigkeit der Hebammen betrachtet wird, dann *muss* Sokrates in der Geburt *erfahren* sein, die er in den Seelen bewirkt. Obwohl er es nie explizit – weder in Platons Dialogen noch in anderen Quellen – behauptet, muss er demzufolge *in sich* jene Erkenntnis, jene *sophía* geboren haben,

---

2   Zu den verschiedenen Interpretationen von Sokrates' Nicht-Wissen siehe die in der Fußnote 1 zitierten Einführungen zu Sokrates. Soweit mir bekannt, wurde die im Folgenden vorgestellte Interpretation von Sokrates' Nicht-Wissen und Führungskunst in der bisherigen Forschung nicht vorgeschlagen.

der er bei den anderen Menschen zur Geburt verhilft. Sonst wäre die Analogie zwischen seiner Tätigkeit und der Hebammenkunst vollkommen absurd!

Vor diesem Hintergrund darf Sokrates' Nicht-Wissen nicht – wie oft geschieht – als Offenbarung einer im Grunde skeptischen, wenn nicht agnostischen Haltung interpretiert werden, die auf die Unmöglichkeit der Erlangung wahrer Erkenntnis bzw. der Wahrheit hindeuten will. Denn Sokrates – es sei wiederholt – *muss* die wahre Erkenntnis in sich geboren haben, wenn er als Hebamme im Bereich jener Erkenntnis bzw. der Wahrheit wirken darf.

Warum darf Sokrates in seiner Führungstätigkeit jedoch *keine* Erkenntnis mehr gebären bzw. nur als *Nicht-Wissender* handeln? Warum muss die Hebamme der Wahrheit, der *sophía*, in Bezug auf sich selbst die eigene *sophía* und Erfahrung als *Nichts* betrachten, wenn ein anderer Mensch zur Geburt der wahren Erkenntnis geführt werden soll?

Weder Platon noch andere geben uns – wäre es auch nur implizit – Antworten auf die soeben gestellten Fragen. Es ist also unsere Aufgabe, den Sinn des sokratischen Nicht-Wissens bzw. des sokratischen "Führungsstils" ausgehend von unsrer autonomen Tätigkeit als Interpreten des Bildes zu offenbaren, das Platon uns durch die Inszenierung des Sokrates als Hebamme, als Geburtshelfer der Wahrheit vermitteln will.

IV

In der Perspektive, in der wir uns ausgehend von Platons *Theaitetos* befinden, ist jede Geburt eine Begegnung der Hebamme mit *einmaligen/unnachahmlichen Individualitäten*, das heißt mit der Individualität der Mutter, des Kindes und der Situation, in der die Geburt sich ereignet. Auch eine Hebamme mit der reichsten Erfahrung muss stets auf das *Individuelle* hinhören, das sich bei der *gegenwärtigen* Geburt manifestieren will. Folglich darf die Hebamme den Weg, der zum Ereignis der Geburt führen wird, nicht ausgehend vom *eigenen* Wissen bzw. von der *eigenen* Erfahrung *ableiten*. Denn ein Weg, der sich bei unzähligen Müttern und Kindern als positiv wirksam zeigte, könnte für die *eine* Mutter bzw. für das *eine* Kind tödlich werden, die *gegenwärtig* zum Ereignis der Geburt geführt werden soll. Die Hebamme muss, in anderen Worten, bei *jeder* Geburt das eigene Wissen und die eigene Erfahrung *vergessen* und die Begegnung mit der *gegenwärtigen* Geburt gleichsam *aus dem Nichts* in bedingungsloser Offenheit für die *Individualität* jener Geburt erleben können. Denn eine *andere* Frau muss gebären, nicht die Hebamme. Und ein *anderes* Kind muss geboren werden, nicht das Kind der Hebamme bzw. ein beliebiges Kind, das *in der Vergangenheit* durch dieselbe Hebamme zur Geburt geführt wurde. Die Hebamme muss, anders ausgedrückt, *aus der Zukunft her* handeln.

Die Aufgabe der Hebamme besteht also in der Schöpfung eines *bedingungslosen* Raums, eines Raums der radikalen *Freiheit*, der kristallklaren *Transparenz*, damit die Individualitäten von Mutter und Kind sich im Ereignis der Geburt bedingungslos offenbaren können. Die Hebamme soll deshalb nicht *sich selbst* offenbaren, sondern, vollkommen *selbst-los*, der Offenbarung einer *anderen* Individualität *unendliche Geborgenheit* schenken, sich selbst und das eigene Wissen nicht behauptend, sondern zum *un-bedingten Grund* jener Offenbarung verwandelnd. Sie soll nicht Zentrum, sondern *unendlicher Umkreis* der Geburt sein. Wie eine unerschöpfliche Quelle soll sie jenes Licht verströmen, dessen Gegenwart Mutter und Kind erstreben und wahrnehmen wollen, damit die Geburt sich ereignen kann. Die Wahrnehmung der Hebamme erlebt mithin bei jeder Geburt eine radikale Umstülpung. Denn ihr Zentrum verlegt sich in die Individualität von Mutter und Kind, *für sie* ein Wahrnehmungsorgan bildend, das zur Geburt führt.

Wäre die Hebamme in der Lage, ihre Aufgabe zu erfüllen, würde sie nicht ein *unendliches, bedingungsloses Vertrauen* in die Individualität von Mutter und Kind bzw. in die *Gegenwart* der Kräfte offenbaren, die zum Ereignis der Geburt führen? Könnte sie Mutter und Kind jene unendliche Geborgenheit schenken, die das Gebären und das Geboren-Werden ermöglicht, würde sie nicht in sich eine unendliche Geborgenheit wahrnehmen? Allerdings keine Geborgenheit, die auf einer resignativen Passivität beruht, sondern eine unerschöpflich *aktive*, zukunftsgebärende Geborgenheit, die allein durch die Erfahrung zu erklären ist, *selber* ein Kind geboren zu haben: *selber* sich und den eigenen Leib zum unerschöpflichen Grund für die Offenbarung einer *anderen* Individualität verwandelt zu haben.

V

In seiner Führungstätigkeit darf Sokrates deswegen nur als Nicht-Wissender auftreten, weil er das Wissen *der Anderen* – in striktester Analogie zu einer Hebamme – zur Geburt führen muss. Und der Weg zu jener Geburt ist *einmalig* für jedes Individuum, das geführt werden soll. Demzufolge darf Sokrates die Geburt der Wahrheit in einer anderen Seele nicht ausgehend vom *eigenen* Wissen ableiten. Während des Geburtsprozesses muss er, im Gegenteil, sein Wissen vergessen bzw. zu einem schöpferischen Nichts verwandeln, das ein Wahrnehmungsorgan für die einmalige/unnachahmliche Individualität des anderen Menschen bildet. Der *andere* Mensch, der mit Sokrates spricht, nicht Sokrates, muss nämlich die Wahrheit, die *sophía* gebären. Deshalb macht sich Sokrates *leer* von allem *eigenen* Wissen, um sich bedingungslos als *Offenbarungsraum* für das Individuum zu schenken, das die Wahrheit gebären will. Dadurch ist jenes Individuum in der Lage, den *eigenen* Weg zur Wahrheit zu gehen bzw. ein Wissen zu gebären, das sein *eigenes* Wissen, nicht das Wissen des Führenden – des Sokrates – ist.

Sokrates' Führungskunst besteht also darin, wie im Fall einer Hebamme, bei dem jeweiligen Geburtsprozess den Weg wahrzunehmen, der sich als dem jeweiligen Individuum *eigen* offenbart. Folglich erlebt Sokrates' Wahrnehmung, genauso wie in einer Hebamme, während der Geburtshilfe eine Umstülpung. Führungskunst besteht hier nämlich darin, dass der Führende das Zentrum der eigenen Wahrnehmung nicht in sich selbst setzt und behält, sondern in die geführte Person verlegt, damit die geführte Person ihren *individuellen, einmaligen* Weg zur Offenbarung der Wahrheit finden kann. In anderen Worten, Sokrates kann in der Form wahrnehmen, wie die durch ihn geführte Person wahrnimmt. Deswegen besteht sein Führungsweg, seine Hebammenkunst im *Fragen-Stellen* (Platon, *Theaitetos* 150c5-6), nicht im *Antworten-Geben*, wobei das Antworten eben *er*, und nicht die geführte Person leisten würde. Und deswegen ist er in der Lage, sein Fragen so stimmig nach der jeweiligen Person *individuell* zu gestalten, dass seine Fragen sich als diejenigen offenbaren, die *von der jeweiligen Person selbst* auf dem Weg der Erkenntnis gestellt werden würden, um zur Erkenntnis zu gelangen. Das beweist die Tatsache, dass die durch Sokrates zur Erkenntnisgeburt geführten Personen zunächst jene Geburt so erleben, als ob *sie selbst allein*, ohne jegliche Hilfe, die Geburt bewirkt, und Sokrates dazu nichts beigetragen hätte (ebd. 150e1-3)! So bleibt Sokrates' Hebammen- bzw. Führungskunst den meisten Menschen *verborgen*, die Sokrates und seine Tätigkeit als schlechthin *unverortbar* empfinden (149a6-9). Sie wollen nämlich jene Kunst *in Sokrates* verorten bzw. als Besitz/Eigentum von Sokrates wahrnehmen, und wissen nicht, dass Sokrates – wie er uns selber sagt – sich selbst und das Eigene unmittelbar und bedingungslos im Überfluss an die anderen Menschen verströmen lässt (Platon, *Euthyphron* 3d5-8).

VI

Wer Sokrates' Führungskunst bei Sokrates verorten will, dem wird sie verborgen bleiben. Denn jene Kunst ist nicht *in Sokrates* geborgen. Sie west nämlich in jener *aktiven Geborgenheit*, durch die Sokrates, wie eine Hebamme, das Eigene nicht in sich birgt, sondern unmittelbar und bedingungslos an die anderen Menschen schenkt, in die *individuellen* Geburtskräfte der jeweiligen Person unendliches Vertrauen setzend. Jene aktive Geborgenheit kann jedoch allein dadurch erklärt werden, dass Sokrates *selber* die wahre Erkenntnis in sich zur Geburt führen konnte.

Sokrates weiß *aus eigener Erfahrung*, dass die Geburt der Wahrheit, der wahren *sophía* als Gegenwart erlebt werden kann; denn er weiß – wie er uns in Platons *Erstem Alkibiades* zeigt –, dass die *sophía* nichts anderes ist, als das Wesen vom wahren, göttlichen Selbst, vom wahren Ich des Menschen (Platon, *Erster Alkibiades* 132c7-133c7). Sokrates weiß, in summa, dass der Mensch nur die Begegnung mit dem eigenen wahren Ich braucht, um die wahre Erkenntnis zu gebären und dadurch alle Bereiche seines – sowohl privaten als auch öffentlichen – Lebens frei und produktiv zu gestalten (vgl. ebd. 133c18-135c11). Das unendliche, uneingeschränkte Vertrauen in die Verwirklichung jener Begegnung bzw. in die Ich-Geburt ist die *ethische* Tatsache, auf der Sokrates' Führungskunst beruht. Eine Tatsache, die der Mensch nicht durch Beweise, sondern nur ausgehend von der eigenen schöpferischen *Tätigkeit* wie aus dem Nichts gebären kann. Dieses unendliche, bedingungslose Vertrauen überragt nämlich alle Möglichkeiten der *Formalisierung*, der *Ableitbarkeit*. Ohne irgendwelche *Bedingung* bzw. Erwartung, vollkommen *auf die Zukunft hin* orientiert, *geschieht* es nur durch vollkommen selbstlose Offenheit der einmaligen Individualität, dem Ich bzw. der Freiheit jedes Menschen gegenüber. Und diese Offenheit kann eben nicht durch irgendein *logisch formalisierbares* bzw. *auf Modelle/Theorien reduzierbares Verfahren* entstehen. Denn sie ereignet sich allein durch das Gut-Sein, das heißt durch das uneingeschränkte, vollkommen *neidlose* Sich-selbst-Schenken, das die anderen Menschen nur ausgehend von *ihrer eigenen, einmaligen* – und deshalb nicht formell logisch bzw. durch Modelle/Theorien erfassbaren – Individualität zum Guten führen möchte: Durch jenes neidlose Sich-Schenken, in dem auch Sokrates' Tätigkeit und Führungskunst bestehen (Platon, *Apologie des Sokrates* 33a5-b3, *Euthyphron* 3d5-8), und das Platon eben als Substanz des Gut-Seins betrachtet (Platon, *Timaios* 29e-30a6).

VII

Sokrates' Führungskunst kann nicht logisch, sondern allein *agathologisch* bzw. innerhalb einer Logik verstanden werden, die, als eminent *ethische* Logik, alle Gesetze/Normen, Formalisierungen bzw. ableitbare Regeln/Modelle überragend, in jeder Situation das Denken, den *lógos* zum Träger und Offenbarer des Guten verwandeln will[3].

---

3   *Agathologisch* ist vom altgriechischen *agathós* = 'gut' und *lógos* = 'Wort, Rede, Gedanke, Vernunft' abgeleitet. Für eine *agathologische* Verortung vom wahren Wesen des Denkens siehe

Sokrates' Führungskunst transzendiert deswegen alle Normen bzw. alle Modelle/Theorien, weil sie in jeder Situation *das Gute* will. Und das Gute ist nie durch Normen/Gesetze bzw. Modelle/Theorien zu ergreifen und erfassen. Das verstand der berühmteste Schüler des Sokrates, Platon, der im *Politikos* – das heißt in einem Dialog über die höchste Form der Führungskunst – *das wissende Individuum*, nicht Normen und Gesetze, als *höchste Instanz* bei allen Führungskonstellationen explizit hervorhebt, die das Gute offenbaren (Platon, *Politikos* 294a6-9). Denn keine Normen und Gesetze – und demzufolge, können wir sagen, keine Modelle und Theorien – sind in der Lage, *in jeder Situation mit Sorgfältigkeit und Genauigkeit* das Beste und das Gerechte, das heißt die vollkommene Offenbarung des Guten zu erzielen (ebd., 294a10-b2). Die *Unterschiede/Ungleichheiten* der Menschen und der Handlungen machen nämlich unmöglich, dass irgendwelche Kunst etwas erzeugen kann, das *für alle Fälle und alle Zeit* gültig wäre (294b2-6). Alle Gesetze/Normen erstreben jedoch gerade dieses Unmögliche! So verhalten sie sich wie ein arroganter und unwissender Mensch, der niemandem erlaubt, gegen eine durch ihn erteilte Anordnung zu handeln bzw. diesbezüglich Fragen zu stellen ... nicht einmal in dem Fall, dass jemandem etwas Neues widerfahren würde, das sich als *besser* erweist, jedoch gegen das Vorgeschriebene verstößt (294b8-c4). Im Üben seiner Führungskunst offenbart sich Sokrates als Gegensatz zu einem solchen Menschen, stets *dem Individuellen* jeder Person und jeder Situation Vorrang gebührend bzw. in keiner Situation seine Handlung aufgrund von Normen gestaltend, die er ausgehend vom *eigenen* Wissen der Spezifität jener Situation aufzwingen würde.

Sokrates' "Führungsstil" bildet also gemeinschaftliche Konstellationen, die als Gegensatz zu jenen Gemeinschaften wahrgenommen werden können, wo *Normen und Gesetze* – bzw. *Theorien und Modelle* –, nicht echte Wissenschaft, authentischer Forschungsgeist und aufrichtiges Streben nach dem Guten, als die höchste Instanz bezüglich des Wissens und, folglich, der Führung betrachtet werden. In jenen Gemeinschaften geraten alle Künste und Wissenschaften in die Vernichtung, und das Leben wird menschlich unerträglich (vgl. Platon, *Politikos* 299b2-e). In jenen Gemeinschaften wird der Mensch angeklagt und schwer bestraft, der nicht Gesetzen und Normen, sondern der Erkenntnisfähigkeit bzw. -kraft des Menschen das höchste Vertrauen zuspricht (ebd. 299b2-c5). Eine derartige Gemeinschaft hat Sokrates zum Tode verurteilt; derartige Gemeinschaften – gleichgültig in welchem Bereich des Lebens – würden Sokrates noch heute zum Tode verurteilen bzw. Sokrates' Führungskunst unmöglich machen wollen. Denn wo Führung sich ausschließ-

---

S. Lavecchia, *Agathologie. Denken als Wahrnehmung des Guten oder: Auf der Suche nach dem offenbarsten Geheimnis*, Perspektiven der Philosophie 38 (2012), 9-45.

lich durch – sei es äußere oder innere – Norm ernährt, dort kann das bedingungslose Vertrauen in eine Ich-Geburt nur Unsicherheit und Angst erregen. Zum Verbrechen wird dort jenes Vertrauen, das dem blendenden Reich der permanent evaluierbaren Sicherheit das sanfte, untrübbare Licht der Freiheit ins finstere Gesicht zu werfen wagt.

Götz E. Rehn

Die „Befreiung" der Führung

Führung will wesensgerechtes Denken und Handeln bei anderen ermöglichen.

1. Das Ganze gemeinsam gestalten

Mit der Erfindung und Einführung der Arbeitsteilung in Wirtschaft und Gesellschaft ist aus der Selbstversorgung die Fremdversorgung geworden. Während man früher für sich und die Seinen sorgte, leistet man heute in der modernen Weltwirtschaft mit anderen für andere.

Die Natur wird von Maschinen, die der menschliche Ingenieurgeist erfunden hat, über viele Produktionsstufen in Produkte verwandelt, die entweder konsumiert werden oder als Investitionsgüter zum Einsatz kommen. Die an der Erzeugung der Güter Beteiligten erstellen nie das ganze Produkt selbst, sie leisten jeweils einen Teilbeitrag. Mit dieser „eigenen" Teilleistung können sie sich nicht selbst versorgen, sondern sind darauf angewiesen, dass andere Menschen Produkte für sie erzeugen. Sie selbst können wirtschaftlich nur dann existieren, wenn sie eine Leistung gemeinsam mit anderen hervorbringen, die vom Kunden wertgeschätzt und gekauft wird.

Neben dem Erkennen der Kundenbedürfnisse kommt es für die Gestaltung einer verkaufsfähigen Leistung in dem jeweiligen Arbeitszusammenhang ferner darauf an, dass die Zusammenarbeit zwischen den Mitgliedern einer Arbeitsgemeinschaft gelingt. Die Zusammenarbeit gelingt dann, wenn die Mitarbeiter kooperieren und die Teilprozesse, die für das Hervorbringen des Endproduktes gebraucht werden, koordiniert sind. Während die Koordination der Teilprozesse durch die Organisation der Strukturen und Prozesse (Aufbau- und Ablauforganisation) erfolgt, wird die Kooperation vorrangig in Kommunikationssituationen geregelt. „Führung" bedeutet in diesem Zusammenhang, die Zusammenarbeit der Mitarbeiter gemäß den Organisationsstrukturen und -prozessen kommunikativ zu gestalten.

Da jeder Einzelne stets nur einen Teilbeitrag zum jeweiligen Ganzen leistet, besteht Führung als bewusste Gestaltung der Zusammenarbeit zugleich in einer „Vernetzung des Bewusstseins" der Mitarbeiter, d.h. einem fortwährenden Verbinden und Zusammensetzen der einzelnen Teilbeiträge und Leistungsebenen zu einem sinnvollen Ganzen.

Zunehmend komplexe Unternehmensprozesse wie auch die weltweite Vernetzung der einzelnen Unternehmen stellen eine wachsende Herausforderung der am Ganzen orientierten „Zusammen-Arbeit" der Mitarbeiter dar. Nur wenn möglichst viele das ganze Ziel des Unternehmens im Bewusstsein tragen und zugleich über die bestehenden Aktivitäten und Prozesse informiert sind, können die Leistungen effizient erbracht werden.

2. Das Unternehmen als Organismus

Pflanzen durchlaufen einen Evolutionsprozess im Frühjahr und Sommer und einen Involutionsprozess im Herbst und Winter. Das Samenkorn, das am Anfang der Entwicklung steht und sie zum Ende einer Vegetationsperiode abschließt, weist die höchste geistige Potenz bei geringster physischer Ausdehnung auf.

Im Laufe des Wachstumsprozesses sprießen aus dem Samenkorn zunächst die Wurzeln, dann entfaltet sich die Pflanze zu Blättern, Blüten und trägt Früchte. Jeder Entwicklungsschritt bringt mehr Pflanzensubstanz hervor und ist zugleich stets auch eine Gestaltmetamorphose. Immer erfolgt die Evolution in Anpassung an die jeweilige Umweltsituation. Dabei schafft die Pflanze auf jeder Entwicklungsstufe ein neues sogenanntes homöostatisches Gleichgewicht. Das heißt, in Abhängigkeit von dem jeweiligen Entwicklungszustand stehen die einzelnen Organe der Pflanze in einem jeweils neuen Gleichgewicht zueinander. Diese Entwicklung scheint von einem Urbild, wie von außen geführt. Die „Idee" der jeweiligen Pflanze garantiert, dass der Entwicklungsprozess gemäß ihrem Typus erfolgt. Eine Rose bleibt eine Rose und wird nicht zum Gänseblümchen.

Ein Unternehmen wird von einem Pionier gegründet. Die Idee des Gründers ist das „Samenkorn" für die Entwicklung dieses Organismus. Im Laufe des Unternehmenswachstums treten neue Mitarbeiter hinzu, die Aufgaben werden in Teilprozesse gegliedert und dem jeweiligen Entwicklungszustand des Unternehmens gemäß organisiert. Doch anders als bei der Pflanze erfolgt die Gestaltung des Unternehmens nicht durch *eine* Idee, sondern geschieht durch die Ideen aller Mitarbeiter eines Unternehmens. Die Individualitäten mit unterschiedlichen Biografien, Gefühlen und Absichten prägen die Gestalt des Unternehmens. Je besser es gelingt, gemeinsam, dem jeweiligen Entwicklungszustand des Unternehmens entsprechend, die Organe zu gestalten und die Aufgaben zu verteilen, umso besser wird das Unternehmen seine Leistung erbringen können.

Im Gegensatz zur Pflanze, die sich „unfrei" gemäß ihrem Urbild entfaltet – ja, entfalten muss, können die Menschen einer Arbeitsgemeinschaft aus freien Entschlüssen das Unternehmen gestalten.

3. Das Dilemma der Führung

In diesem Phänomen liegt ein Konflikt begründet, der zwischen den Zielen des Unternehmens und den individuellen Zielen der Mitarbeiter existiert. Auf der einen Seite strebt der Einzelne nach eigenverantwortlichem Handeln, nach Freiheit und Gestaltungsmöglichkeiten. Auf der anderen Seite will das „Unternehmen", vertreten durch seine leitenden Mitarbeiter, dass vorgegebene Aufgaben erfüllt werden und der Einzelne zu ihrer Zielerreichung beiträgt. Dieses Dilemma ist die eigentliche Herausforderung moderner Unternehmensführung. Sie besteht darin, die „Spannungen" zwischen den Intentionen der Individualitäten einerseits und den Anforderungen des Organismus Unternehmen andererseits kreativ zu gestalten.

Dominiert das „Gemeinschaftsprinzip", indem der Vorgesetzte die Unternehmensinteressen durchsetzt, führt es zur Bevormundung und Demotivation des Einzelnen. Das Unternehmen wird zu einem Machtapparat, der die Mitarbeiter durch Vorgaben, Kontrollen und Sanktionen zum Rädchen im System degradiert. Das Ergebnis dieses Prozesses ist ein mechanisch funktionierendes Unternehmen, das starr und träge agiert. Das kreative Potenzial und die Ideen der Mitarbeiter bleiben ungenutzt.

Stehen dagegen die persönlichen Ziele der Einzelnen im Mittelpunkt, kann die Gemeinschaftsaufgabe nicht mehr sinnvoll erfüllt werden. Wenn jeder seine „eigene" Idee verfolgt, ist ein miteinander Leistenwollen unmöglich. Die Frage moderner Führung ist also: Wie gelingt es, Gemeinschaftsleistungen durch die freiwilligen Leistungsbeiträge von individuellen Mitarbeitern aus Einsicht in den Gesamtzusammenhang und die gemeinsame Aufgabe zu schaffen? Welche „Führungsmethode" fördert das individuelle Leistungspotenzial jedes Mitarbeiters in der Art, dass er freiwillig und aus Einsicht in das Ganze situativ handelt?

Hier ist das sich in „Führungssituationen" konstituierende Über- bzw. Unterordnungsverhältnis zwischen Vorgesetztem und Mitarbeiter von prägendem Einfluss auf die Zusammenarbeit. So wird der Mitarbeiter nur dann einen offenen Dialog mit seinem Vorgesetzten suchen, wenn ihm ein „machtfreier Diskurs" auf Augenhöhe möglich erscheint und er Vertrauen in die Arbeitsgemeinschaft hat, weil diese ihm Fehler zugesteht und Mut zum Dialog macht. Die sinnvolle Gestaltung des Unternehmens durch die Mitarbeiter im Sinne des „Handelns aus Einsicht in die Aufgabe" setzt zudem eine entsprechende Organisation des Unternehmens voraus. Die Strukturen und Prozesse sind von den Mitarbeitern selbst zu entwickeln. Nur wenn die „Betroffenen" zu „Beteiligten" werden, können die Abläufe in einer Form koordiniert werden, die einen selbstverantwortlichen Führungsstil erlaubt bzw. fördert.

4. Menschenbild und Führung

Nach den Vorstellungen deterministischer Weltbilder ist der Mensch nicht in der Lage, die Welt zu erkennen, sondern wird in seinem Verhalten wesentlich durch die Vererbung und Umweltbedingungen bestimmt. Die gegenteilige Auffassung, der Indeterminismus, erkennt den Menschen zwar ebenfalls als ein leibliches Wesen an, das den Gesetzen der Vererbung unterliegt, begreift die Individualität des Einzelnen jedoch als geistig unabhängig: Der Mensch wird als ein frei denkendes und handelndes Wesen betrachtet. Das Menschenbild entscheidet wesentlich über die Gestaltungsformen von Wirtschaft und Gesellschaft. Nach meinem Verständnis ist der „freie Mensch das Maß aller Dinge" (vgl. Witzenmann 2013). Alle Aktivitäten sind daran zu messen, inwiefern sie die individuelle Entwicklung des Einzelnen unterstützen oder behindern. Alle Produkte und Dienste sind daran zu messen, inwiefern sie den Menschen in seiner Entwicklung fördern oder hemmen. Alle Arbeitsbedingungen sind darauf zu prüfen, inwiefern sie des Menschen würdig sind oder nicht.

Diese Sinngebung der Wirtschaft und Gesellschaft führt zu einem umfassenden Umschwung im Denken und Handeln. An die Stelle einer nur am materiellen Bedarf orientierten Versorgungswirtschaft tritt die Idee einer der Fähigkeitsentwicklung der Einzelnen gewidmeten Wirtschaft, deren Produkte und Dienste mit Respekt zur Natur erbracht werden und von hoher Qualität und Güte sind. Das höchste „Produkt" ist dabei stets der freie Mensch. Alle wirtschaftlichen Aktivitäten orientieren sich an diesem Ziel, womit zugleich ein radikaler Paradigmenwechsel einhergeht: Statt dass die Menschen der Wirtschaft dienen, dient die Waren- und Dienstleistungswelt den Menschen.

Meine Erfahrung als Unternehmer zeigt, dass immer mehr Menschen (Kunden) diesen Zusammenhang erkennen und Interesse an einer Wirtschaftsform haben, die die Verwirklichung der menschlichen Freiheit zu ihrem Maßstab macht.

5. Der Kunde führt das Unternehmen

Unternehmensführung steht im Spannungsfeld zwischen Erfahrung und Zukunftswissen. Insbesondere das bewusste und immer wieder neue Erkennen der sich verändernden Bewusstseinszustände der Kunden ist entscheidend für die erfolgreiche Führung des Unternehmens. Je besser es gelingt, frei von bloß tradierten Erfahrungswerten die Wirklichkeit in ihrer jeweiligen Beschaffenheit neu zu erfassen und darauf möglichst im Vorgriff zu handeln, umso besser können Leistungen erbracht werden, die die Wertschätzung des Kunden haben. In diesem Sinne „führt" der Kunde ein Unternehmen, verhält sich das Unternehmen tatsächlich kundenorientiert.

Dies betrifft wesentlich die Frage: „Was produziert der Betrieb?" Dieses „Was" findet seinen Niederschlag in den unterschiedlichsten Leistungsgestaltungen, die zumeist als Ziele formuliert sind. Insofern könnte man auch sagen, Produktideen „führen" ein Unternehmen.

Das „Was", der Gegenstand der wirtschaftlichen Aktivitäten, ist auch das Ziel, an dem sich die Mitglieder einer Arbeitsgemeinschaft orientieren. Auf diese Ziele sind ihre Leistungsbeiträge gerichtet.

Die Art, „wie" die Leistungen erbracht werden, wie die Kooperation zwischen den einzelnen Mitgliedern der Arbeitsgemeinschaft erfolgt, ist die Frage nach der Führungsmethode, der Führungskultur in einem Unternehmen.

Die Zusammenarbeit im Unternehmen gelingt umso besser, je mehr der Einzelne in seiner Führungsaufgabe den Anderen in seiner individuellen Lage nicht nur wahrnimmt und respektiert, sondern in seinem Wesen erkennt und sich dementsprechend verhält. Diese Orientierung an den realen Verhältnissen verlangt nicht nur die Anerkennung und Wertschätzung des Anderen, sondern insbesondere die Fähigkeit, unabhängig von bewährten Verhaltensmustern geistesgegenwärtig zu denken und zu handeln.

6. „Situative Führung" – die Alanus-Führungsidee

An der Alanus-Hochschule in Alfter bei Bonn gibt es seit 2006 den Studiengang Wirtschaft. Neben betriebswirtschaftlichem Wissen, das ihnen vermittelt wird, machen die Studierenden Erfahrungen in verschiedenen Künsten und lernen die wirtschaftliche Praxis in Partner-Unternehmen der Hochschule kennen. Im Anschluss an meine Vorlesung zum Thema Führung hat sich der „Arbeitskreis Alanus-Führungsidee" aus Studierenden der Hochschule und Mitarbeitern von Alnatura gebildet. Aus dieser Arbeit ist die Alanus-Führungsidee „Situative Führung" entstanden. Die Führungsidee hat sich im Laufe der Zeit gewandelt und kann auch noch in Zukunft durch neue Impulse eine andere Gestalt erhalten.

Die situative Führungsidee geht davon aus, dass es zwischen „Führendem" und „Geführtem" nie gleiche „Führungssituationen" gibt. Vielmehr hat das jeweilige Führungsziel wesentlichen Einfluss auf den zur Zielerreichung gewählten situativen Kooperationsplan und seine konkrete kommunikative Umsetzung (die Kooperationsform und die Kommunikationsform; vgl. dazu Abb. „Situative Führung" – Die Alanus-Führungsidee).

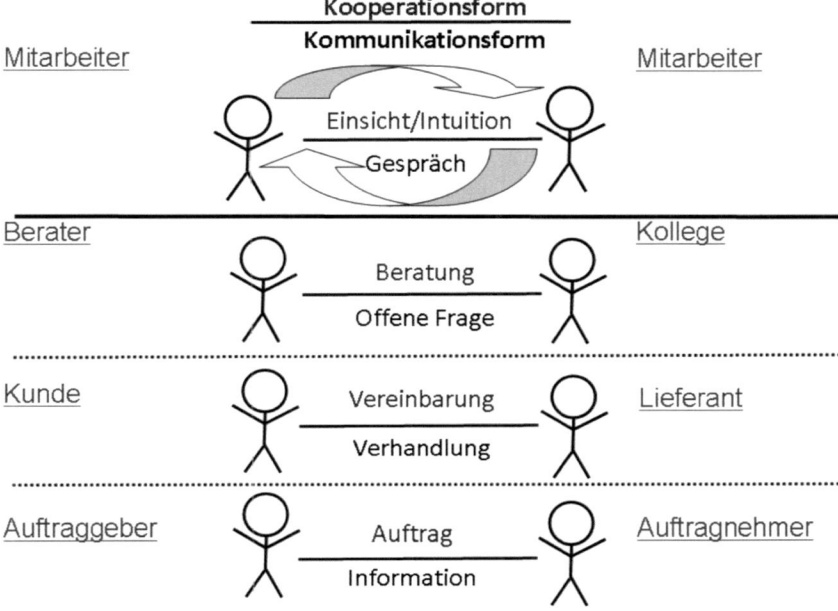

"Situative Führung" – Die Alanus Führungsidee

Dem entsprechend nehmen Führender und Geführter unabhängig von ihrer jeweiligen Position innerhalb des Unternehmens immer neue Rollen ein, die sich nach den konkreten Anforderungen und Zielen der Gesprächssituation richten. Diese Rollen können während eines Führungsgespräches gewechselt werden. Auch kann der „Geführte" nach dem Prinzip der „wechselnden Führerschaft" im Laufe eines Gesprächs zum „Führenden" werden.

So führt immer derjenige in einer Situation, der im jeweiligen Kontext die größere Kompetenz hat oder über die relevanten Informationen verfügt. Führungsgespräche werden als Dialoge betrachtet, in denen sich zwischen den Beteiligten ein Gedanken- und Informationsaustausch entwickelt.

Bei den verschiedenen Kommunikationssituationen von Führung – sei es der Austausch zwischen zwei Mitarbeitern, der Austausch innerhalb einer Gruppe oder das Informieren einer Gruppe durch einen Einzelnen – kann man grundsätzlich die Kooperationsform als den zur Zielerreichung gewählten Handlungsplan von der Kommunikationsform als konkreter Strategie oder Methode, diesen Plan handelnd umzusetzen, unterscheiden. In Abhängigkeit vom jeweiligen Führungsziel kommen also je andere Kooperations- und Kommunikationsformen zur Anwendung. Die Abbildung veranschaulicht beispielhaft, in welchem Verhältnis situative Rollen und die jeweiligen Kooperations- und Kommunikationsformen zueinander stehen können. Zugleich kann sie als Stufenleiter begriffen werden, die aufzeigt, inwiefern das situative Führungsverhältnis zwischen den Dialogpartnern umso mehr zu einem Austausch auf Augenhöhe wird, je mehr sich beide Gesprächspartner individuell einbringen können.

In der Praxis werden die Kooperationsformen „Auftrag", „Vereinbarung" und „Beratung" vorwiegend „gemischt" angewendet, da in Führungssituationen meist unterschiedliche Themen und Ziele relevant sind. Je nach der Dimension des abzustimmenden Themas wählen die Mitarbeiter bewusst diejenigen Kooperations- und Kommunikationsformen, die den konkreten Zielen am dienlichsten sind, dabei aber zugleich dem anderen ein möglichst hohes Maß an individueller Mitgestaltung ermöglichen. Die Individualität des anderen zu fördern, wird somit selbst zu einem grundlegenden Führungsziel, das situativ freilich in unterschiedlichem Maße berücksichtigt werden kann. So existieren in einer Beratungssituation mehr Raum und Ausdrucksmöglichkeiten für die individuellen Ideen und Absichten des anderen als z.B. bei einer klaren Auftragserteilung. Die Führungskunst liegt dann vor allem darin, zu erkennen, wo jeweils was gefordert und sinnvoll ist.

Für die Transparenz und Klarheit in der Zusammenarbeit ist es außerdem wesentlich, dass die im Dialog miteinander stehenden Mitarbeiter einander möglichst deutlich machen, ob sie gerade einen Auftrag erteilen, beraten werden wollen, selbst beraten oder eine Vereinbarung treffen möchten.

Nun ist auch auf der Stufe einer Beratung noch eine Führungssituation zwischen Mitgliedern einer Arbeitsgemeinschaft gegeben, in denen der Eine den Anderen zu Erreichung eines Zieles (z.B. Stärkung der Entscheidungskompetenzen) beeinflussen bzw. anleiten möchte. Erst auf der vierten Stufe, bei der die Gesprächspartner frei aus der eigenen Einsicht oder Intuition heraus handeln, sind die „Führungsstützen" überwunden.

7. Von der „gestützten" zur „befreiten" Führung

Erkenne ich in einer Gesprächssituation das Wesen des Anderen und ermögliche ihm im Gespräch Gesichtspunkte für sein Handeln, die er bislang nicht gesehen hat, obgleich sie in ihm veranlagt sind, so gelingt eine wesensgerechte Führung. In diesem Fall handelt es sich nicht um eine „gestützte", sondern um eine „freilassende" oder „befreite" Führung. Die Führungssituation ist nicht vorbestimmt durch Vergangenheitserfahrungen, nicht determiniert durch Absichten, Gefühle von Sympathie oder Antipathie, sondern der Führungsbeitrag besteht ausschließlich darin, aus Einsicht in das Wesen des Anderen dessen Selbstführung zu ermöglichen. Mit dieser Erkenntnis des Anderen trage ich dazu bei, dass er sich besser begreifen kann als er es ohne diesen Beitrag gekonnt hätte. Durch eine entsprechende wechselseitige Erkenntnis können sich die Mitarbeiter in ihrem Wesen besser entfalten, als sie es ohne das Gespräch vermocht hätten.

In der befreiten Führungssituation besteht ein Wechselspiel des Einsicht Gewinnens und Einsicht Ermöglichens zwischen den Gesprächspartnern; die Gesprächspartner sind wirklich gleichberechtigt, beide handeln selbstlos, die Gesprächssituation ist frei. Die befreite Führung ist im eigentlichen Sinne des Führungsbegriffs der BWL-Literatur keine Menschenführung, sie ist status- und hierarchiefrei. Ohne Über- bzw. Unterordnungsverhältnisse begegnen sich die Menschen und tauschen Gedanken und Ideen aus. Auf diese Weise „führen" die in dem Bewusstsein der Mitarbeiter lebenden Ideen das Unternehmen. An die Stelle von mehr oder weniger intensiver Beeinflussung durch ein bestimmtes Führungsziel tritt der offene Austausch. Der Einzelne kann seinen Ideenbeitrag im Vertrauen in die Gemeinschaft zum Ausdruck bringen. Erst auf dieser Stufe kann die Individualität ihre eigenen, selbst entwickelten Ideen im Dienste des Ganzen schöpfen.

8. Die „Schöpfung aus dem Nichts"

Der Übergang von der gestützten zur befreiten Führung ist der Übergang von einer konditionierenden Führung zu einer freien Ideenbildung. Erst wenn wir uns zu dieser befreiten Führung qualifiziert haben, können wir individuelle Leistungen schöpfen, die sich nicht nur auf in der Vergangenheit gemachte Erfahrungen abstützen oder die Wiederholung bewährter Rezepte darstellen. Vielmehr kann es in einer solchen Situation jedem Mitarbeiter gelingen, Neues zu schöpfen und etwas hervorzubringen, was es bislang nicht gab.

Rudolf Steiner nennt diese Leistungen „Schöpfungen aus dem Nichts" (vgl. Steiner 1979), da ihre Erscheinungsform zuvor nie existierte und es sich insofern um vollständig neue und originelle Taten des Einzelnen handelt. Die auf dem Bewusstseinsschauplatz des Menschen aus selbstloser Intention entstandene Einsicht ermöglicht Neuschöpfungen, die der Erde ein neues Aussehen geben. Bei der befreiten Führung handelt es sich um einen lebendigen Gegenstrom zwischen zwei Menschen, die in wechselnder „Führerschaft" durch Hören und Sprechen ein individuelles Handeln im Sinne des Ganzen aus Erkenntnis ermöglichen. Damit wird das Unternehmen von den Ideen der Mitglieder einer Arbeitsgemeinschaft geführt. In Zukunft wird es deshalb darauf ankommen, die Bewusstseinsvoraussetzungen für Selbstentwicklung und befreite Führung durch eine entsprechend gelebte Unternehmenskultur zu schaffen.

Die „Schöpfung aus dem Nichts" ist immer auch ein ästhetischer Prozess. Das „Ergebnis" der individuellen Neuschöpfung ist die eigentliche Ausdrucksleistung des modernen Menschen. Sie ist immer auch künstlerisch, da sie etwas hervorbringt, das über das schon Existierende hinausreicht und in der Ideen- und Werkwelt eine neue Gestalt schafft. Insofern könnte man statt von „befreiter Führung" auch von einer „ästhetischen Führung" (eben durch die Idee), von der Individualität neu geschöpft, sprechen.

9. Führungsvoraussetzungen und Führungskompetenzen

Die Voraussetzungen für eine solche freie Führungskultur im Unternehmen sind vielfältig. Ohne das Vertrauen in die Mitarbeiter und ihr Interesse an einer bewussten Selbstentwicklung ist der Paradigmenwechsel in der Führung nicht möglich.

Um den Verwandlungsprozess im Unternehmen zu ermöglichen, müssen die Prozesse konsequent kundenorientiert organisiert werden. An die Stelle einer „oben/unten" Aufbauorganisation tritt eine „vorne/hinten" Prozessorganisation. Alle Leistungsbeiträge sind entsprechend auf die für den Kunden bestimmte Leistung ausgerichtet. In einem Filialunternehmen bedeutet dies, dass alle Leistungen der Servicebereiche in Qualität und Tiefe den Kolleginnen und Kollegen in der Filiale die Arbeit tatsächlich erleichtern.

Die „freie Führung" kann jedoch nur dann im Unternehmen Wirklichkeit werden, wenn sich die Mitarbeiter auch selbst entwickeln wollen. Dazu gehören die Bereitschaft und der Mut jedes Einzelnen, seine Seelenkräfte, seine Wahrnehmungsfähigkeiten, seine Kreativität und seine soziale Kompetenz zu entfalten. Dieser Prozess des lebenslangen Lernens für sich, in einer Arbeitsgemeinschaft und für ein Unternehmen ist die wesentliche Voraussetzung für den angesprochenen „Führungswechsel". Jeder Einzelne im Unternehmen ist gefragt, sich zu der „freien Führung" durch konsequente Selbstführung zu qualifizieren und zu „erwürdigen".

Es scheint selbstverständlich, dass eine offene und funktionierende Informationskultur im Unternehmen, das Akzeptieren von Fehlern und der wertschätzende Umgang miteinander „Hygienevoraussetzungen" auf dem Weg in eine freie Führungskultur darstellen.

Das Herz einer vom jeweiligen Kundenerlebnis inspirierten Unternehmenskultur ist das selbstverantwortliche Arbeiten der Mitarbeiter. Die Fähigkeit, die eigene Arbeit bewusst immer besser selbst steuern zu können, ist im Dialog mit den verantwortlichen Initiativträgern der freien Führungskultur zu entwickeln.

Dabei sollten die Initiativträger über adäquate Führungskompetenzen verfügen. Es lassen sich im Wesentlichen vier Kernkompetenzen voneinander unterscheiden, die sich je nach Führungssituation empfehlen.

Eine Arbeitsgemeinschaft bedarf einer Idee, die sie inspiriert. Ideen und Visionen sind wie Sterne, die die wesentliche Ausrichtung und innere Führung des Unternehmens ermöglichen. Sie beleuchten den Entwicklungsweg in die Zukunft und helfen bei der „Navigation" des Unternehmens. Dementsprechend ist Führen durch „Inspirieren" eine wichtige Kompetenz.

Gemäß dem Prinzip „Hilfe zur Selbsthilfe" ist das Coachen eines Kollegen eine wichtige, zweite Führungskompetenz. Der Initiativträger erwartet in diesem Fall, dass der Mitarbeiter seine Entwicklung aktiv angeht. Er begleitet ihn durch Ratschläge und Hilfestellungen.

Die dritte Führungskompetenz, das Steuern, schafft Klarheit für den Mitarbeiter, indem der Initiativträger ihm den Handlungsrahmen, die Leitplanken, den Aktionsraum bzw. auch konkrete Ziele vorgibt.

Die vierte Führungskompetenz sollte dem „Notfall" vorbehalten bleiben. Nur wenn Fehlentwicklungen zu stoppen sind oder ein Kurswechsel notwendig wird, sollte der Führende „eingreifen" und dem Mitarbeiter die Gesichtspunkte für seinen Eingriff erläutern.

Die Initiativträger einer freien Führungskultur sind die Entwicklungsbegleiter im und für das Unternehmen. Sie tragen die Verantwortung für die verschiedenen Entwicklungsschritte im Unternehmen und haben darauf zu achten, dass alle Kolleginnen und Kollegen die Unternehmensveränderung bewusst mitgehen wollen und können. Da die Entwicklung auf dem Freiwilligkeitsprinzip basiert, ist das Schicksal des Unternehmens letztlich von den Menschen abhängig, die in dem Unternehmen zusammenarbeiten. Insofern ist es berechtigt, von einer Unternehmensbiographie zu sprechen. Ihr Verlauf liegt in den Herzen, Ideen und Leistungen der Mitarbeiterinnen und Mitarbeiter.

Gelingt es einer Arbeitsgemeinschaft durch das entwickelte Bewusstsein ihrer Mitglieder, eine „befreite Führungskultur" zu leben, führen die von den Menschen hervorgebrachten Ideen das Unternehmen. Die aus Einsicht in das dynamische Ganze, d.h. in die sich wandelnden Kundenbedürfnisse, selbst in einer Veränderung begriffenen Ideen werden individuell von den Mitarbeitern hervorgebracht und gelebt. Sie entspringen jedoch aus einem gemeinsamen Bewusstsein, und deshalb kann auf dieser Stufe der befreiten Führung Gemeinschaftliches durch freie und selbstständige Individualitäten neu geschöpft werden.

Literaturverzeichnis

Alnatura GmbH: Situative Führung und Selbstverantwortung – Grundlagen der Zusammenarbeit bei Alnatura, unveröffentlicht, Bickenbach 2012

Dietz, Karl-Martin; Kracht, Thomas: Dialogische Führung, Grundlagen – Praxis – Fallbeispiel: dm-drogerie markt, 3. Aufl., Frankfurt a. M. 2011

Neuberger, Oswald: Führen und führen lassen, 6. Aufl., Stuttgart 2002

Rehn, Götz E.: Modelle der Organisationsentwicklung, Stuttgart 1979

Scharmer, Otto: Theorie U – von der Zukunft her führen, Heidelberg 2009

Scharmer, Otto; Kaufer, Katrin: Leading from the emerging future: from ego-system to eco-system economies, San Francisco 2013

Sprenger, Reinhard K.: Radikal führen, Frankfurt a. M. 2012

Sprenger, Reinhard K.: Vertrauen führt. Worauf es im Unternehmen ankommt, Frankfurt a. M. 2002

Steiner, Rudolf: Wirtschaft – Ideen zur Neugestaltung, Stuttgart 2011

Steiner, Rudolf: Evolution, Involution und Schöpfung aus dem Nichts. Vortrag vom 17. Juni 1909 in Berlin. In: Rudolf Steiner: Geisteswissenschaftliche Menschenkunde. GA Nr. 107, Dornach 1979, S. 295ff.

Werner, Götz W.: Führung für Mündige, Subsidiarität und Marke als Herausforderungen einer modernen Führung, Karlsruhe 2006

Witzenmann, Herbert: Der Mensch ist das Maß aller Dinge, Dornach, 2013

Witzenmann, Herbert: Sozialorganik – Ideen zu einer Neugestaltung der Wirtschaft, Pforzheim 1998

GÖTZ W. WERNER

Sinnstiftung als Führungsaufgabe

Vor einem Regal in einer Filiale von dm-drogerie markt steht ein Kunde und sucht offensichtlich ein Produkt. Sein Blick wandert immer wieder über die Artikel, doch er findet nicht, weswegen er gekommen ist. Gleich neben ihm räumt eine Kollegin von uns Ware ins Regal. Sie schaut zu ihm hoch, hält kurz inne, um dann mit ihrer Tätigkeit fortzufahren. Der Kunde sucht noch eine Weile. Während dies geschieht, bin ich einige Meter davon entfernt in einem Gespräch mit der Filialleiterin und kann das Geschehen beobachten, bis der Kunde den gewünschten Artikel schließlich findet, in den Wagen legt und zur Kasse geht.

Es ist klar, dass diese Situation aus der Sicht unserer Arbeitsgemeinschaft suboptimal ist. Die Kollegin weiß, wo die Produkte stehen, und kann das Gesuchte schneller finden als der Kunde. Um gut für die Zukunft aufgestellt zu sein, dürfen wir in der heutigen Fremdversorgung, im arbeitsteiligen Wirtschaften, keine Anstrengung unterlassen, die dazu führt, dass die Menschen für sich erkennen: „Das macht Sinn! Gut, dass es dm gibt. Wenn es dm nicht gäbe, dann würde etwas fehlen." Wir sind dann gut aufgestellt, wenn es uns gelingt, dass sich die Beteiligten so mit dem Unternehmen verbinden, dass es zu ihrem Unternehmen wird.

In der eben beschriebenen Situation bei diesem Kunden ist es uns nicht gelungen, unser Bestes zu geben. In einem anderen Handelsgeschäft kann es sein, dass er das Produkt schneller findet, weil er sich etwa bei der dortigen Ladengestaltung schneller zurechtfindet, oder weil ihn eine Kollegin anspricht und ihm hilft. Es sind 1.000 Kleinigkeiten, die stimmig sein müssen, damit es gelingen kann, dass sich die Kunden sagen: „Gut, dass es dm gibt."

Doch wie handelt man als Verantwortlicher in einer solchen Situation? Sollte man selbst dem Kunden weiterhelfen? In dieser Situation wäre das eine Lösung, aber wie können wir sicherstellen, dass ein Kunde möglichst oft das gewünschte Produkt schnell findet? Täglich kommen ca. 1,5 Millionen Kunden zu dm. Ich kann nicht überall stehen. Wenn ich diese Einstellung leben würde, wäre dm heute nicht das Unternehmen, das es geworden ist. Zahnpasta verkaufen kann jeder, die Kunst besteht aber darin, Zahnpasta mit anderen Menschen für andere Menschen bereitzuhalten. Sobald mehrere Menschen miteinander füreinander tätig werden, braucht es eine soziale Kunst, die mit der Haltung „Ich kann alles besser. Darum muss ich auch alles selbst machen" nicht vereinbar ist. Unternehmensführung ist eine sozialkünstlerische Veranstaltung!

Die Frage, wie ein Verantwortlicher auf diese Situation am Regal reagieren soll, kann sehr unterschiedlich beantwortet werden. Man kann sich persönlich an die Mitarbeiterin wenden, an den Filialleiter oder an die für die Ladengestaltung Zuständigen, und darauf vertrauen, dass diese eine Lösung finden. Oder man kann die Prozesse, die Strukturen entsprechend gestalten – so gab es beispielsweise bei Walmart in Deutschland die Anweisung, dass Mitarbeiter einen Kunden ab einer bestimmten festgelegten Entfernung zu ihnen anzusprechen haben. Wie wir auf die Situation am Regal antworten, hängt ganz entscheidend vom Führungsverständnis ab. Ja, was ist denn eigentlich Führung, was verstehen wir unter Führung?

Solange Menschen zusammenleben, wird immer die Führungsfrage gestellt. Das kann man schon bei Kindern beobachten. Sie drücken sich nur anders aus, indem sie fragen: Wer ist hier der „Bestimmer"? Die Frage danach, wer führen soll und was gute Führung ist, ist eine Frage, die alle Menschen bewegt, und jede Zeit hat ihre eigene Antwort darauf gefunden. In den Entwicklungsepochen der Menschheit, in den unterschiedlichsten Kulturen gab und gibt es ganz verschiedene Vorstellungen darüber, welches das ideale Führungsbild ist. Beim Pyramidenbau herrschte ein anderes Führungsverständnis als heutzutage im Silicon Valley.

Der ehemalige Präsident der Vereinigten Staaten von Amerika, Dwight D. Eisenhower, hat über Führung einmal sinngemäß gesagt, es brauche dabei die Fähigkeit, einen Menschen dazu zu bringen, das zu tun, was man will, wann man will und wie man will und zwar, weil er selbst es will („Leadership is the art of getting someone else to do something you want done because he wants to do it.") Hierbei handelt es sich ganz klassisch um einen Vorgang der Motivierung: Ich will, dass meine Mitarbeiter im Sinne des Unternehmens etwas wollen und es so tun, als wollten sie es selbst. Mit diesem Ansatz müsste ich – nach meinem Erlebnis am Regal – überlegen, wie ich es schaffe, dass unsere Kollegen in den Märkten die Kunden ansprechen. Und obwohl sie es nur tun, weil ich als Führungskraft dies so will, sollen sie sich in dem Glauben befinden, es selbst, von sich aus tun zu wollen.

Bei einer Führung, die auf einem solchen Verständnis von Motivierung basiert, wäre beispielsweise ein Bonussystem naheliegend. Das Problem bei Bonussystemen ist aber, dass es sich dabei ja in Wirklichkeit um Malussysteme handelt. Die Mitarbeiter sprechen zwar die Kunden an – um beim Beispiel zu bleiben – aber nicht aus Interesse am Kunden und an seinem Anliegen, sondern des Bonus wegen, aus Eigeninteresse.

Die Aussage von Eisenhower ist noch gar nicht so alt – rund 70 Jahre ist es her, dass man so über Führung und Mitarbeitermotivation gedacht hat – und sie bringt auf den Punkt, welche Auffassung auch heute noch von vielen Führungskräften gelebt wird. Diese Haltung kann man vielfach immer noch beobachten, auch wenn sie kaum noch aktiv propagiert wird. Wer eine solche Aussage heute öffentlich vertreten würde, wäre schlecht beraten – weder die Kollegen würden positiv darauf reagieren noch die Kunden, die sich dann zu Recht fragen würden: „Was ist denn das für ein Unternehmen?" Denn die Verhältnisse haben sich geändert, und damit auch das Führungsverständnis.

Eine zeitgemäße Antwort auf die Frage nach Führung wurzelt im jeweiligen Welt- und Menschenbild. Ein materialistisches Weltbild legt das Bild eines Unternehmens analog zu dem eines Uhrwerks nahe. Vor diesem Hintergrund denkt man Führung anders, als wenn man ein Weltbild hat, das sich am Menschen ausrichtet. Ebenso verhält es sich mit dem Menschenbild, das dem jeweiligen Weltbild zugrunde liegt. Gehe ich davon aus, dass der Mensch ein determiniertes Reiz-Reaktionswesen ist? Wer meint, er hätte es tagtäglich mit determinierten Menschen zu tun, die nur auf Straf- oder Belohnungsreize reagieren, geht anders mit ihnen um, als wenn er sich zu der Erkenntnis durchgerungen hat, dass der Mensch ein ergebnisoffenes Entwicklungswesen ist, das die Fähigkeit hat, sich auszudrücken. Für eine Führungskraft ist es wichtig, sich bewusst zu machen, welches Welt- und Menschenbild sie hat, und dass es zu Führung kein Handlungsmodell gibt, das für alle möglicherweise vorkommenden Situationen Gültigkeit beansprucht und Sicherheit geben kann, sondern dass Führung stets angemessen auf die Herausforderungen der jeweiligen Zeit reagieren muss.

Es ist leicht zu beobachten, dass die realen Verhältnisse sich ständig verändern. Ebenso ist beobachtbar, dass die Einsichten in die vorherrschenden Bedingungen meist hinterherhinken. So entsteht eine Kluft zwischen der Realität und den Vorstellungen, dem Weltbild der Menschen. Je größer diese Kluft wird, umso unangemessener sind die Reaktionen auf die Realität und umso größer wird der Stress. In diesem Zusammenhang kann man eine wesentliche Aufgabe von Führung ableiten: Die Unternehmensführung muss sicherstellen, dass es in der Arbeitsgemeinschaft Menschen gibt, die aufgeschlossen wahrnehmen, was um sie herum geschieht, die in der Lage sind, die Spuren der Zukunft bereits in der Gegenwart zu erkennen, also sicherstellen können, dass die aus dem Fortgang des Lebens sich ergebenden Notwendigkeiten rechtzeitig bemerkt werden. Doch damit allein ist es noch nicht getan. Die Menschen, die etwas bemerken, müssen auch gehört werden. Um die daraus folgende, nötige Veränderung des Unternehmens zu ermöglichen, hat Führung auch die Aufgabe, ein Bewusstsein für den beständigen Wandel im Unternehmen zu kultivieren.

Aber auch diese Aufgabe, die Innovationsfitness im Unternehmen zu kultivieren, ist keine, die in jedem Arbeitszusammenhang, in jeder Situation Orientierung gibt. Es braucht zwar Innovationen, damit eine Arbeitsgemeinschaft langfristig erfolgreich sein kann, aber es braucht zeitgleich auch routinierte Prozesse, um produktiv arbeiten zu können. Produktivität und Innovation stehen sich so gesehen diametral gegenüber. Führung muss den richtigen Rhythmus zwischen den beiden Polen Kontinuität und Kreativität finden. In diesem Rhythmus liegt dann die Kraft für die Prosperität des Unternehmens.

Eine Führungskunst besteht darin, sich so in die Sozietät zu begeben, dass man sich am „Leading Edge" befindet, also ganz vorne in der Entwicklung, und nicht wie die „Altfastnacht" ständig hinterherkommt – aber auch nicht zu weit vorne. Unternehmen sind ein stückweit verrückt, ver-rückt auf der Zeitachse. Wenn sie aber zukünftige Entwicklungen zu früh vorwegnehmen, werden ihre Kunden ihr Angebot nicht verstehen.

Was hat sich im Verständnis von Führung gewandelt? Heute ist beobachtbar, dass sich die Art und Weise, wie Menschen auf Führung reagieren, sehr stark verändert hat. Während die Autoritätsgläubigkeit früher noch viel präsenter war, geht es heute darum, Menschen auf Augenhöhe zu führen. Mein Vater, der ein Drogerieunternehmen in Heidelberg führte, sprach noch von seiner „Gefolgschaft", und niemand hat sich damals an diesem Begriff gestört; dass dies kein zeitgemäßer Begriff ist, braucht hier nicht ausgeführt zu werden. Augenhöhe bedeutet zugleich, dass es kein Patentrezept gibt, wie man anderen begegnet. Jeder Mensch ist sozusagen eine Gattung für sich, und jede Begegnung verläuft daher anders. Vielmehr geht es darum, einen Zugang zu jedem einzelnen Individuum zu finden. Erkennen seines Wesens, Anerkennen seiner Eigentümlichkeiten. So haben wir diesen Selbstanspruch in unseren Unternehmensgrundsätzen bei dm-drogerie markt festgehalten.

Wenn es also keine sinnvolle Antwort darauf gibt, was Führung im Allgemeinen ist, lautet eine andere, vielleicht relevantere Fragestellung: Durch was legitimiert sich eigentlich Führung? Weder das Erbrecht noch das Recht des Stärkeren wird heute noch akzeptiert. In unserer Gesellschaft wird das Individuum hochgehalten: „Die Würde des Menschen ist unantastbar", steht in Artikel eins unseres Grundgesetzes, und das ist der Singular und nicht der Plural. Auf welcher Grundlage nimmt sich ein Mensch das Recht zu führen, sich über andere zu erheben und zu sagen: „Alle hören auf mein Kommando"?

Ein Zugang zu dieser Frage ist es doch, sich zunächst zu fragen: Womit fängt Führung an? Führung bedeutet immer erst einmal Selbstführung. Wer sich nicht selbst führen kann, wer nicht Herr seiner selbst ist, der sollte es sich auch nicht anmaßen, anderen zu sagen, was sie tun sollen. Also geht es um den Anspruch, den Goethe in seinem Gedicht „Die Geheimnisse" wie folgt formuliert hat:

„Wenn einen Menschen die Natur erhoben,
Es ist kein Wunder, wenn ihm viel gelingt;
Man muß in ihm die Macht des Schöpfers loben,
Der schwachen Ton zu solcher Ehre bringt.
Doch wenn ein Mann von allen Lebensproben
Die sauerste besteht, sich selbst bezwingt,
Dann kann man ihn mit Freuden andern zeigen
Und sagen: Das ist er, das ist sein eigen!"

Denn alle Kraft dringt vorwärts in die Weite,
Zu leben und zu wirken hier und dort,
Dagegen engt und hemmt von jeder Seite
Der Strom der Welt und reißt uns mit sich fort:
In diesem innern Sturm und äußern Streite
Vernimmt der Geist ein schwer verstanden Wort:
Von der Gewalt, die alle Wesen bindet,
Befreit der Mensch sich, der sich überwindet."

Hier wird in poetischer Art eine Grundfähigkeit des Menschen angesprochen: Sich zu sich selbst in ein bewusstes Erkenntnisverhältnis zu setzen, und aus dieser Haltung heraus bewusst gestalten zu wollen. Eine Legitimation für Führung ist demnach, dass jemand, der es mit der Selbstführung ernst meint, sich nun vornimmt: Ich helfe den anderen, sich selbst zu führen. Die althergebrachten und beständig tradierten Führungsinstrumente greifen bei diesem Ziel nicht. Weder Bonussysteme, noch Anweisungen noch wie intelligent auch immer ausgedachte Strukturen können einem die Selbstführung abnehmen.

Wenn nun Führung Befähigung zur Selbstführung ist, dann bleibt eine der wichtigsten Fragen: Wie gestalten wir die Atmosphäre und die Verhältnisse so, dass Menschen sich entfalten können? Diese Aufgabe verlangt den Führungsverantwortlichen ein Höchstmaß an Kreativität ab. In der Situation der vollkommenen Arbeitsteilung müssen sie Verhältnisse schaffen, in denen Menschen, die oft alle Experten in eigener Sache sind, gerne und gut zusammenarbeiten. Man könnte die Aufgaben einer Führungskraft mit denen eines Fußballtrainers oder eines Dirigenten vergleichen. Was muss ein Dirigent machen? Zunächst einmal muss er Leute auswählen, die ihr Instrument beherrschen. Dann muss er dafür sorgen, dass alle die gleiche Partitur spielen, sonst artet das, was ein ästhetischer Genuss werden soll, in üble Kakophonie aus. Dann muss er schließlich für Harmonie sorgen: richtiger Anfang, modulierte Lautstärke, genaues Tempo. Nur wenn der Dirigent das alles bringt, gibt es am Ende tosenden Applaus. Und der Dirigent ist dabei auf jeden einzelnen Musiker angewiesen. Jeder Musiker muss die Fähigkeit der Selbstführung in einem sehr hohen Grad beherrschen, denn es geht ja darum, sich selbst wahrzunehmen und sich gleichzeitig sinnvoll in das Ganze des Ensembles einzubringen.

Um Führungsverantwortung zu übernehmen, ist es erforderlich, sich mit den Menschen zu befassen. Meines Erachtens sollten sich Top-Führungskräfte in großen Unternehmen jeden Tag die Frage stellen: „Wie kann ich Organisation und Führung so persönlich wie möglich gestalten?" Antworten findet man natürlich nur, wenn man sich mit den Menschen beschäftigt. Leider beschäftigen sich viele Führungskräfte zu wenig mit den Menschen an sich. Ein Mensch, der einen möglichst idealen Motor konstruieren will, studiert Maschinenbau. Das macht Sinn. Und was hat gemeinhin jemand studiert, der Führungskraft werden will? Wirtschaftswissenschaft statt Menschenwissenschaft. Es geht doch gerade für Führungskräfte darum, Menschenkenner zu werden. Dies lernt man, indem man sich damit beschäftigt, was Menschsein im eigentlichen Sinne bedeutet. Also muss man in die Philosophie einsteigen. Vorbilder gibt es mehr als genug: Goethe & Co. Mein Weg war die Anthroposophie, die ja als Fortführung und Weiterentwicklung des klassischen Gedankenguts von Goethe und Schiller verstanden werden kann. Aber es gibt kein klares Lernprogramm. Jeder muss und darf sich selbst seine Quellen erschließen. Wichtig ist nur, dass jemand, der Führung übernehmen möchte, in seinem Studium auch auf die essentiellen Seins-Fragen stößt. Sonst wird er als Führungskraft nicht wirklich weit kommen können. Er oder sie mag Fortune haben oder clever sein, aber wenn er oder sie nicht zu einer anderen Bewusstseinsebene vorstößt, wird die Grenze zu authentisch guter Führung niemals überschritten werden können, da bin ich mir ziemlich sicher. Wahrnehmen und Denken – diese beiden menschlichen Grundfähigkeiten muss man als Führungskraft ständig neu schulen, wenn man selbst dazu anleiten will, zu denken und genau wahrzunehmen.

Das Paradigma des Führens „ad rem", also zu den Sachen oder Dingen, und nicht „ad personam", also zu den Menschen, wie ich es noch auf der Akademie Bad Harzburg in den 70-er Jahren gelernt habe, ist immer noch nicht vollständig überwunden.

Bisherige Führungsverständnisse gehen meist davon aus, dass das Ziel im Führenden begründet ist und das „Personal" oder die Mitarbeiter dazu da seien, ihm zu diesem Ziel zu verhelfen. Die Menschen sind in diesem Weltbild nicht Zweck, sondern Mittel für den Zweck des Unternehmens oder für den Zweck, den die Führungsriege auserkoren hat.

Wenn wir aber ganz konsequent davon ausgehen wollen, dass der Mensch ein ergebnisoffenes Entwicklungswesen ist, und dass all unser Handeln stets den Menschen zum Ziel hat – denn ohne die Menschen gäbe es keine Wirtschaft, also kann nicht der Mensch das Mittel sein –, dann braucht es eine andere Herangehensweise. Dann muss das Ziel in jedem einzelnen Menschen gesucht werden und eben nicht im Vorgesetzten oder beim Vorstand.

Dies bringt zahlreiche Veränderungen und Umjustierungen liebgewordener oder mindestens gewohnter Vorstellungen mit sich. Ich muss mich dann doch fragen: „Was will der Andere?" Und eben nicht: „Was will ich?" Wer dieses Verständnis auf die gegenwärtige Situation der Menschheit hin prüft, wird feststellen können, dass es sehr zeitgemäß ist. Während es im Zeitalter der Selbstversorgung, in unseren Breiten noch bis vor ca. 100 Jahren, sinnvoll war, stets die eigenen Bedürfnisse und die der eigenen Familie im Blick zu haben, ist es in einer arbeitsteiligen Wirtschaft notwendig, sich an den Bedürfnissen seiner Kunden zu orientieren. Niemand arbeitet mehr für sich. Die Leistungen der eigenen Arbeit konsumieren andere – oder greifen sie auf und führen die Arbeit weiter. Für alle Beteiligten an einem Wertschöpfungsprozess folgt daraus: Die wichtigsten Kunden sind die eigenen Kollegen, die Menschen im Unternehmen, die helfen, eine gemeinsame Leistung zu generieren. Wem es nicht gelingt, den Menschen im Unternehmen, mit denen er zusammenarbeitet, zu verdeutlichen, worauf es ihm ankommt, dem wird es auch bei anderen Kunden nicht gelingen.

In der Fremdversorgung ist es unablässig, sich die Probleme seiner Kunden zu eigen zu machen. Für eine Führungskraft in einer arbeitsteilig organisierten Wirtschaft stellt sich die Frage: Was hat der Andere für Ambitionen, für Intentionen?

Den Ansatz von Eisenhower gilt es in ein zeitgemäßes, menschengemäßes Weltbild zu verwandeln: Menschen sollen Aufgaben ergreifen, die für sie höchstpersönlich sinnvoll sind, weil sie selber darin einen Sinn erkennen und weil sie dies auch tun können, also weil es ihnen möglich gemacht worden ist – und nicht nur, weil es die Führungsverantwortlichen wollen oder für sie entschieden haben.

Eine wesentliche Führungsfrage lautet heute: Wie kann ich dem Anderen helfen, dass er entdeckt, worauf es ihm ankommt? Wie kann ich dem Anderen helfen, sich Sinn zu erschließen? Wie kann ich dazu beitragen, dass das, was im Anderen implizit vorhanden ist, explizit und damit sichtbar wird?

Das wäre ein neues Führungsideal: Dass durch eine Frage, eine freilassende Empfehlung, kurz: durch Evokation statt durch Direktive, das Implizite explizit wird.

Wenn dies gelingt, ist es die beste Voraussetzung dafür, dass der Andere zu sich sagt: „Das macht für mich Sinn. Hier bringe ich mich ein, weil es mich in meiner eigenen Entwicklung voranbringt."

Wenn wir dabei auch von dialogischer Führung sprechen, dann ist damit gemeint, dass wir allen Beteiligten ermöglichen wollen, sich den Sinn der Arbeit selber zu erschließen. Dialog ist ein griechisches Wort, das sich aus den Bestandteilen „Dia" und „Logos" zusammensetzt. „Dia" bedeutet soviel wie „durch" und „Logos" ist das griechische Wort, das sich mit „Wirkkraft" oder auch mit „Sinn" übersetzen lässt. Also würde dialogische Führung nicht bedeuten, dass alle solange miteinander reden, bis niemand mehr weiß, worum es eigentlich geht. Auch ist der Dialog ja weitaus mehr als eine bestimmte Form der Kommunikation. Vielmehr ist mit dialogischer Führung eine Art der Führung intendiert, bei der „der Sinn durchgeht", also bei der jeder Beteiligte individuell die Möglichkeit hat, sich den Sinn seiner Tätigkeit zu erschließen.

Unternehmensführung heißt Sinn stiften. Das bedeutet also, man muss über die Know-how-Frage, wie machen wir etwas, hinausgehen zu der Know-why-Frage, warum und wozu machen wir etwas. In einem Prozess ist selbstverständlich das Know-how wichtig, wenn sich der Fokus aber auf diese Frage verengt, hat man nur den momentanen Ist-Zustand im Auge. Sobald aber gefragt wird, warum und wozu machen wir, was wir tun, wird es höchst persönlich. Dann muss jeder Einzelne für sich beantworten: Wie stehe ich dazu? Kann ich mich damit identifizieren? Entspricht diese Aufgabe meiner persönlichen Lebenszielsetzung? Erlebe ich mich authentisch?

Damit der Einzelne für sich erkennen kann „das macht Sinn", ist es erforderlich, dass die Unternehmensführung deutlich macht, worin sie einen Sinn sieht, welches Anliegen sie hat. Wenn dies gelingt, dass die Beteiligten das gemeinsame Ziel als sinnstiftend erleben, kann sich jeder Einzelne selbst motivieren, und man kann getrost auf das ganze Repertoire der extrinsischen Motivierung verzichten. Denn dieses rechnet letztlich nicht mit dem selbstbestimmten, aus Erkenntnis handelnden Menschen, auf den es aber gerade ankommt.

Zu einer Arbeitsgemeinschaft, die versucht, ein solches Führungsideal zu leben, zählen alle, die ein gemeinsames Ziel verfolgen – also auch die Lieferanten, die Partner, die Mitarbeiter, die gemeinsam für die Kunden leisten. Das Nadelöhr für die Produktivität einer Unternehmung ist folglich, dass möglichst viele Beteiligte ihre Tätigkeit als sinnstiftend erleben und damit diese Unternehmung zu ihrer eigenen Unternehmung erklären. Damit ist aber mehr erreicht als nur Produktivität: Menschen haben sich weiterentwickelt und konnten in ihrer Tätigkeit einen Sinn entdecken und erschließen.

Damals, als ich die Situation am Regal beobachtete, fragte ich, nachdem der Kunde weitergegangen war, unsere Kollegin: „Haben Sie bemerkt, dass der Kunde etwas suchte?" Sie antwortete ehrlich: „Ja natürlich." Woraufhin ich nachfragte: „Warum haben Sie den Kunden nicht gefragt, was er sucht?" Ihre Erklärung war: „Herr Werner, das kann ich nicht."

Daraus ergibt sich die Aufgabe: Wie können wir unsere Kollegin dabei unterstützen, dass sie lernt, sich besser auszudrücken. Der Mensch ist ein Ausdruckswesen – oder in den Worten von Joseph Beuys: „Der Mensch will sein Produkt zeigen." Soviel zu meinem Erlebnis und zu meinen sich daran anschließenden Überlegungen. Wie hätten Sie gehandelt in der Situation am Regal?

Die Autoren

Stefan Brotbeck, geboren 1962 in Biel, studierte Philosophie, Neuere Deutsche Literaturwissenschaft und Kunstgeschichte. Philosophielehrer; freier Mitarbeiter «Reflexe Philosophie» (Radio DRS 2), Promotion 1995; Mitarbeit an der Nietzsche-Edition Basel. 1997-2002 Lehrauftrag für Philosophie an der Universität Basel. Seit 2002: freie Forschungs- und schriftstellerische Tätigkeit im Rahmen des Initium, Lehr- und Beratungstätigkeit für Philosophie und Anthroposophie. Künstlerische Tätigkeit. Gründung und Mitwirkung am Aufbau des Philosophicum Basel. Mehrere Essays und Bücher.
Allschwilerplatz 10, CH-4055 Basel. stefan.brotbeck@philosophicum.ch
www.philosophicum.ch

Peter Dellbrügger, Studium der Volkswirtschaftslehre, daneben auch der Philosophie, der Mittleren und Neueren Geschichte in Heidelberg sowie ergänzend Fernstudium Kulturmanagement an der Fernuniversität Hagen. Erst studentischer Mitarbeiter, dann Forschungsassistent im Arbeitsbereich Dialogische Führung am Friedrich von Hardenberg Institut für Kulturwissenschaften in Heidelberg. 2004-2010 wissenschaftlicher Mitarbeiter und Doktorand am Interfakultativen Institut für Entrepreneurship des Karlsruher Instituts für Technologie (KIT) bei Prof. Götz W. Werner. Seit 2011 selbständiger Unternehmensberater (u.a. Beratung und Seminare zu Führungsfragen, Dialogik und Wahrnehmung für Wirtschaftsunternehmen). Mitwirkender am Philosophicum in Basel und am Hardenberg Institut in Heidelberg.
Mittlere Strasse 80, CH-4056 Basel. peter.dellbruegger@philosophicum.ch

Karl-Martin Dietz, geboren 1945 in Heidelberg. Studium der Klassischen Philologie, Germanistik und Philosophie, daneben auch der Wirtschaftswissenschaften, in Heidelberg, Tübingen und Rom. Promotion mit einer Arbeit über vorsokratische Philosophie. 1974 bis 1980 Lehrtätigkeit an der Universität Heidelberg. 1978 Begründung des Friedrich von Hardenberg Instituts für Kulturwissenschaften in Heidelberg zusammen mit Thomas Kracht (www.hardenberginstitut.de). Dort Entwicklung der "Dialogischen Unternehmenskultur".
Publikationen: www.hardenberginstitut.de   Hauptstraße 59, 69117 Heidelberg
k.m.dietz@hardenberginstitut.de

Wolfgang Gutberlet, geboren 1944, deutscher Unternehmer, hat in den Jahren 1973-2009 das Handelsunternehmen „tegut..." als Vorstandsvorsitzender geleitet und dabei den Bio-Gedanken als Vorreiter in Deutschland geprägt. Besondere An-

liegen seiner unternehmerischen Tätigkeit sind die Förderung und Entwicklung menschengemäßer gesunderhaltender Lebensmittel, das Verbinden von Leisten und Lernen in der Arbeitsgemeinschaft sowie die Frage nach dem richtigen Umgang mit Kapital. Bei seinem Engagement rund um die Entwicklung von Produktionsbetrieben im biologischen Bereich legt er seinen Fokus auf die Weiterentwicklung der besonderen Lebensmittelqualitäten. Wolfgang Gutberlet wurde ausgezeichnet u.a. als Ökomanager des Jahres 2005 und als Entrepreneur des Jahres 2007. Für die „nachhaltigste Strategie" wurde er 2008 mit dem Deutschen Nachhaltigkeitspreis geehrt. Sein Beitrag an der Schaffung und Entwicklung von Arbeitsplätzen sowie sein Verdienst an der Erhöhung der Lebensmittelqualität in Deutschland haben zur Auszeichnung mit dem Bundesverdienstkreuz am Bande geführt, das ihm 2008 verliehen wurde. Seit März 2013 ist Wolfgang Gutberlet Vorsitzender des Aufsichtsrates der W-E-G Stiftung & Co. KG mit Sitz in Fulda.
W-E-G Stiftung & Co. KG, Gerloser Weg 70, 36039 Fulda   http://www.w-e-g.de
wolfgang.gutberlet@w-e-g.de

Benediktus Hardorp, Dr. rer. pol., selbstständiger Wirtschaftsprüfer und Steuerberater, Berater namhafter Unternehmen, in berufsständigen Gremien seit Einführung der Mehrwertsteuer tätig. Zahlreiche steuersystematische Veröffentlichungen zur Konsumbesteuerung als gesellschaftlichem Teilungsverfahren. Ehrenamtlich für die Waldorfschulbewegung tätig.
Lameystraße 24, D-68165 Mannheim.
b.hardorp@dhmp.de, www.hardorp-schriften.de

Salvatore Lavecchia, geboren 1971. Stipendiat der Scuola Normale Superiore von Pisa für Studium und Promotion in Klassischer Philologie (1990-1997). Forschungsaufenthalte in Tübingen (1993, 1998), München (1996), Oxford (1997) mittels Auslandsstipendien der Scuola Normale. 1999-2001 Stipendiat am University College in London («Arnaldo Momigliano Scholarship in the Arts»), 2002-2003 am Philologischen Seminar in Tübingen (Stipendium der «Alexander von Humboldt-Stiftung»). 2004-2008 Stipendium mit Dozentur an der Universität von Udine im Bereich "Griechische Literatur" innerhalb eines Programms des italienischen Forschungsministeriums zur Förderung der Rückkehr italienischer Wissenschaftler. 2009 Berufung an die Universität von Udine als Professor für Geschichte der Antiken Philosophie. Seit 2010 Dozent beim Master "Consulenza filosofica di trasformazione" an der Universität von Verona. Seit der Eröffnung 2011 Mitwirkender am Philosophicum in Basel. Gegenwärtige Schwerpunkte: Platons Philosophie, Geschichte des Platonismus, Vertiefung bzw. Aktualisierung von Sokrates'

Führungsmethoden im Dialog. Università degli Studi di Udine / Dipartimento di Studi Umanistici, Via Mazzini 3, I-33100 Udine/Italien. salvatore.lavecchia@uniud.it

Götz Rehn, Prof. Dr., Gründer und Geschäftsführer des Bio-Handelsunternehmens Alnatura. Lehrauftrag am Fachbereich Wirtschaft der Alanus Hochschule. Leitung des Instituts für Sozialorganik an der Alanus Hochschule. Forschungs- und Publikationsschwerpunkte: sozialorganische Grundlagen der Unternehmensführung und -organisation, Nachhaltigkeit und Kundenorientierung im Wirtschaftsleben, geistig-kulturelle Wirtschaftsdimensionen.
Institut für Sozialorganik an der Alanus Hochschule für Kunst und Gesellschaft, Villestr. 3, 53347 Alfter bei Bonn. goetz.rehn@alanus.edu

Götz W. Werner, Professor und ehemaliger Leiter des Interfakultativen Instituts für Entrepreneurship der Universität Karlsruhe (TH), jetzt KIT (Karlsruher Institut für Technologie). Gründer und Aufsichtsrat von dm-drogerie markt. Einschlägige Forschungsgebiete: Unternehmensführung, Wertbildungsrechnung, Bedingungsloses Grundeinkommen.
dm-drogerie markt, Postfach 10 02 33, D-76232 Karlsruhe.
www.dm-drogeriemarkt.de
goetz.werner@dm.de